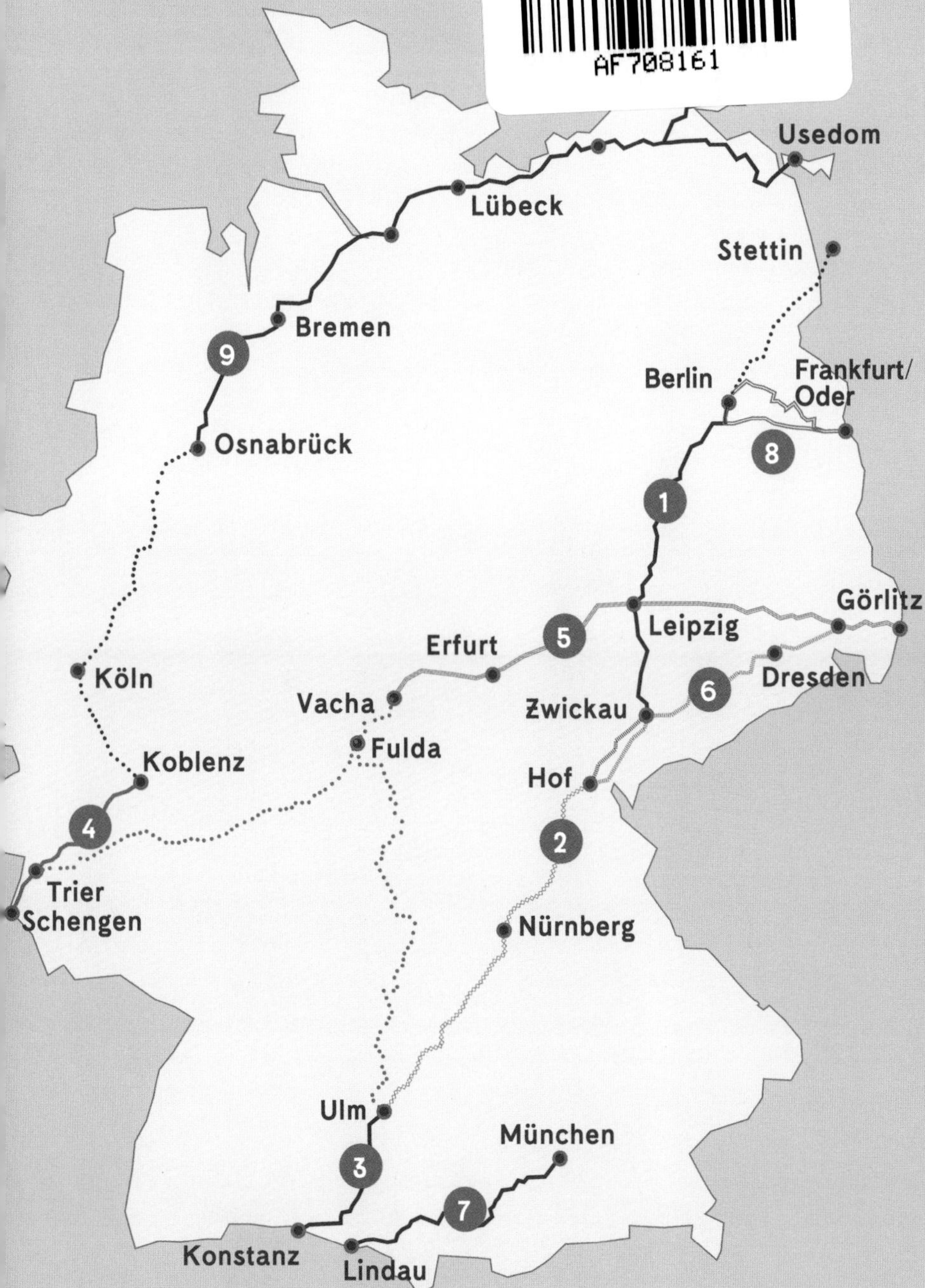
Usedom
Lübeck
Stettin
Bremen
9
Berlin
Frankfurt/
Oder
Osnabrück
8
1
Görlitz
Leipzig
Erfurt
5
Köln
Dresden
6
Vacha
Zwickau
Fulda
Koblenz
Hof
4
2
Trier
Schengen
Nürnberg
Ulm
München
3
7
Konstanz
Lindau

JÖRG
STEINERT

HEIMAT-PILGERN

JÖRG STEINERT

HEIMAT-PILGERN

JAKOBSWEGE *in Deutschland*

Geschichten von unterwegs

Patmos Verlag

Allen Menschen, die sich für die Ausschilderung von Jakobswegen in Deutschland engagieren

MIX
Papier aus verantwortungsvollen Quellen
FSC® C014138

Klimaneutral
Druckprodukt
ClimatePartner.com/14549-2003-1001

Die Verlagsgruppe Patmos ist sich ihrer Verantwortung gegenüber unserer Umwelt bewusst. Wir folgen dem Prinzip der Nachhaltigkeit und streben den Einklang von wirtschaftlicher Entwicklung, sozialer Sicherheit und Erhaltung unserer natürlichen Lebensgrundlagen an. Näheres zur Nachhaltigkeitsstrategie der Verlagsgruppe Patmos auf unserer Website www.verlagsgruppe-patmos.de/nachhaltig-gut-leben

Verlagsgruppe Patmos in der Schwabenverlag AG, Ostfildern
www.verlagsgruppe-patmos.de

Gesamtgestaltung:
Finken & Bumiller, Stuttgart
Foto: S. 84: © Karl-Heinz Lentes
Foto S. 85: © Frank Becker
Foto S. 87: © Sylvia Lentes
Foto: S. 120: © Flora Pfeiffer
Foto S. 145: © Christine Empl
Foto S. 166: © Simone Metzger
Abdruck erfolgt mit freundlicher Erlaubnis der Urheber:innen.
Alle anderen Fotos: © Jörg Steinert
Druck: Finidr, s.r.o., Český Těšín
Hergestellt in Tschechien
ISBN 978-3-8436-1381-1 (Print)
ISBN 978-3-8436-1466-5 (eBook)

Inhalt

Vorwort

Pilgern boomt. Seit dem Mittelalter waren nicht so viele Menschen auf Jakobswegen unterwegs wie heute.

Während die sehr gläubigen Menschen des Mittelalters einmal im Leben nach Santiago de Compostela aufbrachen, um Sündenstrafen im Jenseits erlassen zu bekommen, ist diese religiöse Erwartungshaltung inzwischen einer weltlichen Sinnsuche gewichen. Es gibt eine neue – noch nie da gewesene – Generation von Pilgern. Menschen, die nicht nur einmal im Leben nach Santiago pilgern, sondern sich immer wieder aufmachen, um auf Jakobswegen oder Teilstrecken unterwegs zu sein.

Im Mittelalter war nach kirchlicher Lehre der Ankunftsort das Ziel. Aber über die Jahrhunderte entwickelte sich der Weg zum eigentlichen Ziel. Eine Möglichkeit, aus dem Hamsterrad des Alltags auszubrechen und sich zu besinnen. Aber egal ob Gott-Suche oder Ich-Suche, Pilger von damals und heute ähneln sich in vielfältiger Hinsicht. Menschen bewegen sich nicht nur äußerlich, sondern auch innerlich, und sie kehren verändert zurück. Vielleicht etwas gelassener, auf jeden Fall mit weniger Vorurteilen und mit großer Dankbarkeit für die kleinen Dinge im Leben.

Während viele Menschen unserer Tage aufgrund von populären Büchern und Filmen lange Zeit glaubten, der Jakobsweg beginne irgendwo an der französisch-spanischen Grenze, haben etliche von ihnen inzwischen bemerkt: Der mit einer gelben Muschel auf blauem Grund markierte Weg verläuft auch vor der eigenen Haustür.

Wer wissen will, was Pilgern genau ausmacht, der möge nicht zu lang darüber nachdenken, sondern mache den ersten Schritt!

1 – Das Virus

Sei der Funke!

Ein kleiner Funke kann eine Explosion auslösen. Ein kleiner Funke kann aber auch ein Feuerwerk entzünden.

Wenn mich der Jakobsweg etwas gelehrt hat, dann, dass man das Glück in kleinen Dingen entdecken kann. Seitdem ich das erste Mal in Spanien gepilgert bin, nahm ich auch in Deutschland immer wieder die Pilgermuschel wahr – sie schien überall zu sein. Ich erfreute mich auch an den Entfernungsangaben. Jeder Kilometer mehr nach Santiago erschien mir nicht als Hürde, sondern als ein potentielles Geschenk.

Online entdeckte ich GPS-Tracks, so auch in meiner Wahlheimat Berlin. Nur etwa zwei Kilometer von meiner Wohnung entfernt verlief die alte römische Handelsstraße Via Imperii, die im Mittelalter von Jakobspilgern dankbar genutzt wurde. Aber von einer Markierung des Weges keine Spur.

Am 26. Oktober 2019 entschied ich mich kurzerhand, an die Parteien in meinem Berliner Wohnbezirk zu schreiben. Ich war gerade im Zug, auf der Rückfahrt von einer Dienstreise in eine kleine Stadt in Westdeutschland, in welcher der Jakobsweg wunderbar ausgeschildert war. Da ich keine Lust auf eine

Instrumentalisierung des Themas durch die AfD hatte, richtete ich das Schreiben ausschließlich an alle Vorsitzenden der „pro-europäischen Fraktionen“. Ich berief mich darauf, dass der Europarat den Zusammenhalt durch länderverbindende Kulturwege seit über 30 Jahren fördert. Und dass dieses Engagement für das gemeinsame Europa wichtiger sei denn je.

Der Jakobsweg wurde am 23. Oktober 1987 vom Europarat zum allerersten europäischen Kulturweg ernannt. In vielen Städten in Deutschland ist dieser Weg inzwischen mit Hinweisschildern ausgewiesen.

Doch ist dies historisch belegt? Ja. Pilger aus West- und Mitteleuropa, so auch Deutschland, gab es nachweislich seit Mitte des 10. Jahrhunderts. Die weite Verbreitung von Jakobspilgern lässt sich anhand von in Gräbern gefundenen Jakobsmuscheln erkennen. Der heilige Jakobus entwickelte sich seit dem 13. Jahrhundert insbesondere im mitteldeutschen Raum zu einem Schutzpatron für christliche Wohltätigkeit. Die Jakobusverehrung spiegelte sich insbesondere im 15. und frühen 16. Jahrhundert in den bildenden Künsten wider. Pilger waren meist auf Handelsrouten unterwegs. Zum einen wegen des Vorhandenseins von Brücken, aber auch der Möglichkeit von Lebensmittelspenden. In den Städten fanden die Pilger eine Herberge, ab dem Spätmittelalter entstanden Gasthäuser für gehobene Ansprüche. Aber auch die private Gastfreundschaft gegenüber Pilgern war aller Pflicht. Zudem gab es vermehrt Jakobusbruderschaften, die Pilger unterstützten und über die Sicherheit und das Nahrungsmittelangebot auf dem weiteren Weg informierten. Die Organisationsdichte steigerte sich im Spätmittelalter zu einem umfassenden Unterstützungsnetzwerk für Jakobuspilger. Allein im Gebiet des Heiligen Römischen Reichs Deutscher Nation existierten etwa 500 Kirchen, die dem heiligen Jakobus gewidmet waren. Im 15. Jahrhundert wurden Hospitäler mit Jakobuspatrozinium unter anderem an der Via Regia in Naumburg, der Via Imperii in Altenburg und der Frankenstraße in Dresden gegründet.

Während der Pilgerboom in Europa nach Santiago ab dem 16. Jahrhundert stetig abnahm, wurde die Bedeutung des heiligen Jakobus in Spanien über die Jahrhunderte weiter aufrechterhalten. Nach dem Zweiten Weltkrieg wurden die Jakobusgesellschaften auch in anderen europäischen Ländern wiedergegründet. In Deutschland erfolgte dies erst im Jahr 1987 mit Gründung der *Deutschen St. Jakobus-Gesellschaft*. Im gleichen Jahr erklärte der Europarat den Jakobsweg zur „Ersten Kulturstraße Europas“ und rief dazu auf, die Wege nach Santiago auf dem gesamten europäischen Kontinent zu identifizieren und sie mit Hilfe eines vom Europarat vorgeschlagenen Emblems zu kennzeichnen.

Die gelbe stilisierte Muschel auf blauem Grund ist inzwischen auch vielen Nicht-Pilgern bekannt – dank dem Wirken von inzwischen über 30 regionalen Jakobusgesellschaften allein in Deutschland. Die Strahlen der Muschel symbolisieren die Wege, die in Santiago zusammenlaufen.

Die Jakobsmuschel als Symbol war zuvor weitestgehend in Vergessenheit geraten. Pilger wurden in den 1980er-Jahren nur noch als bloße Wanderer gesehen, aber mitunter auch als Randständige der Gesellschaft. Sie wurden eher belächelt. Von dergleichen Spott ist heutzutage nichts mehr zu spüren, in ganz Europa hat sich wieder eine Unterstützungskultur entwickelt.

Ich plädierte in Berlin dafür, dass Tempelhof-Schöneberg Vorreiter werden und als erster Bezirk ein offizielles Jakobswegschild errichten solle. Das Schreiben endete mit dem Appell „Europäischer Zusammenhalt fängt im kommunalen Handeln an. Es wäre sehr begrüßenswert, wenn bis 23. Oktober 2020 (33. Jahrestag des Kulturweges) eine solche Ausschilderung genehmigt werden könnte."

Einige persönliche Gespräche – und kein Jahr – später, wurde am 11. Dezember 2019 ein gemeinsamer Antrag der Fraktionen CDU, SPD und Grüne mit dem charmanten Titel „2.940 Kilometer von Berlin nach Santiago de Compostela" einstimmig von allen Fraktionen beschlossen. Dass die Kilometerangabe nicht so ganz stimmte, war nicht schlimm. Aber ich freute mich sehr über den Beschluss, der da lautete: „Die Bezirksversammlung ersucht das Bezirksamt, die Ausschilderung des Jakobsweges von der nördlichen Bezirksgrenze bei der S-Bahnstation Yorckstraße bis zur südlichen Bezirksgrenze zu Brandenburg zu erlauben und zu fördern."

Ich führte nicht nur Gespräche Richtung Politik, sondern auch mit den eigentlich Verantwortlichen von der Jakobusgesellschaft. Hatte ich sie doch – aus Unkenntnis – in ihrer Zuständigkeit und ihrem Engagement übergangen. Aber da sich sowohl die Jakobusgesellschaft Brandenburg-Oderregion e. V. als auch die St. Jakobus-Gesellschaft Berlin-Brandenburg e. V. über Jahre an der Berliner Politik und Verwaltung die Zähne ausgebissen hatten, freute man sich über diesen Fortschritt – wer auch immer dieser Jörg Steinert war. Pragmatisch beschloss man bei unserer ersten Begegnung, mich zum Beauftragten für die Ausschilderung des Jakobsweges durch Berlin zu machen. Nun hatte ich also auch ein offizielles Mandat.

Trotz einstimmigem Beschluss im Bezirksparlament wurde dem Vorhaben nicht nur Sympathie entgegengebracht, was sich in der Aussage „Wir sind hier doch nicht in Süddeutschland" widerspiegelte.

Aber getragen von dem Votum der Bezirksversammlung startete ich ins nächste kleine Projekt – einen Neujahrsspaziergang auf dem Jakobsweg. Bei diesem sollten erste Spenden gesammelt werden. Ich erwartete etwa 20 Personen. Mit 10 oder 15 Personen hätte ich mich aber auch schon zufriedengegeben. Es kamen aber sage und schreibe 150 Menschen. Das kleine Café „Waschküche", in dem wir uns an diesem eisigen Wintertag treffen wollten, fasste etwa 30 Personen. Kurzerhand wurde daher eine Kaffee-Bar im Außenbereich aufgebaut, hier gab es günstigen „Pilger-Kaffee" aus der Pumpkanne für 1 Euro. Und los ging's, mit viel Tamtam und begeisterten Menschen.

Ich schwärmte über das Megaphon von der spürbaren Aufbruchstimmung und der durchgehenden Ausschilderung durch den Bezirk, die nun folge sollte. Zugegeben, ursprünglich war im Brief nur von einem Hinweisschild die Rede. Aber jetzt hatten wir den Fuß in der Tür, und den wollte ich da auch nicht wieder rausnehmen.

Bereits zwei Kilometer später sprach mich eine nette Frau an, die sich als Leiterin der Gartenarbeitsschule am Wegesrand vorstellte. Und deren Außenzaun wenige Monate später ein vier Meter langes Jakobswegbanner zierte.

Nach etwa sieben Kilometern die erste überraschende Anmerkung eines Politikers, der die Jakobsweg-Ausschilderung seit meinem Brief engagiert und mit eigenen bereichernden Ideen unterstützt hatte: „Jörg, du weißt schon, dass wir nicht mehr in Tempelhof-Schöneberg sind, sondern im Nachbarbezirk Steglitz-Zehlendorf.“ Meine Nachfrage an den Kommunalpolitiker, der die Grenzen seines Bezirks anscheinend genau kannte, bestand aus nur einem Wort: „Wirklich?“, begleitet von einem verschämten Lächeln. Über den Weg dazwischen, den ich zugegebenermaßen vorher nur einmal eher oberflächlich erkundet hatte, hatte ich mir bis dahin keine Gedanken gemacht. Dieser Herausforderung wollte ich mich so nähern, wie ich es bei einer Pilgerreise tat, Schritt für Schritt, Etappe für Etappe.

Pilgertreffen in Hamburg

Mir ist ein Virus bekannt, von dem einige, nein sogar viele Menschen gern befallen sind. Wie kann das sein, verbindet man Viren doch mit Krankheiten? OK, die Existenz dieses Erregers ist schulmedizinisch nicht nachgewiesen. Die Rede ist vom Pilgervirus, der viele Menschen glücklich und mich – im positiven Sinne – sogar süchtig gemacht hat. Auch der allgemeine deutsche Sprachgebrauch verrät, dass Pilgern mit Leidenschaft assoziiert wird. So „pilgern“ heutzutage Fans zu Popkonzerten, Fußballspielen und anderen Großevents.

Die Hamburger Jakobuskirche war brechend voll. Pilgerpfarrer Bernd Lohse hatte zum jährlichen Pilgertreffen eingeladen. Pilgerinnen und Pilger aus ganz Deutschland waren angereist. Ich war einer von ihnen. Tags zuvor fand ein ganztägiges Pilgersymposium statt. Die Vorträge zum Thema Pilgern gingen allen Beteiligten tief unter die Haut. Mit nüchterner Wissenschaftlichkeit hatte unter anderem eine Psychologin dargelegt, wie der Jakobsweg während Sinnkrisen helfen kann.

Der Begriff „Krise" stammt vom griechischen Wort „krino" und bedeutet in seiner ursprünglichen Form „Entscheidung". Krisen können im Idealfall eine Chance zur Weiterentwicklung darstellen. Pilgern ist heute wieder genau das, was der griechische Gelehrte Hippokrates mit dem Zitat „Gehen ist des Menschen beste Medizin" beschrieb: eine ganzheitliche Bewegungskur für Körper und Geist.

Am Ende des Symposiums stand die überspitzte These im Raum, dass Pilgern auf Rezept ein guter Baustein im deutschen Gesundheitssystem sein könnte.

Von einer derartigen Veranstaltung waren wir mit unserem relativ jungen Engagement in Berlin noch weit entfernt. An Herzblut und Leidenschaft mangelte es uns nicht. Auch hatte die aus der Europauniversität Viadrina hervorgegangene Jakobusgesellschaft Brandenburg-Oderregion bereits Bemerkenswertes für die Ausschilderung in Brandenburg geleistet, unterstützt von Privatpersonen, die ihre Türen öffnen, um Pilgern ein Dach über dem Kopf zu bieten. Aber hier in Hamburg gab es zudem einen eigenen Pilgerpfarrer samt Assistentin, deren Hauptaufgabe das Pilgerwesen war.

Im östlichen Brandenburg verlaufen ab Frankfurt an der Oder drei Jakobswege. Aus Polen kommend führen zwei Wege in westlicher Richtung – zum einen auf der Nordroute nach Bernau, zum anderen auf der Südroute nach Berlin. Eine dritte Variante führt auf dem Brandenburger Jakobsweg südwestlich bis nach Teltow, wo er auf die von Berlin kommende Via Imperii trifft. Mein persönliches Highlight ist die Pilgerherberge in der Orgelwerkstatt in Sieversdorf auf der Nordroute.

Weitere Hinweise zu Wegen und Unterkünften finden Interessierte unter www.brandenburger-jakobswege.de

Viele strahlende Gesichter, geballtes Wissen und ein großes Gemeinschaftsgefühl verbinde ich noch lange Zeit mit diesen zwei Tagen im Februar 2020. Über das Coronavirus wurde abends in der Kneipe schon vereinzelt gesprochen. Aber das war halt mal wieder irgendeine Epidemie in Asien. Das Wort Pandemie kannten viele von uns zu diesem Zeitpunkt noch nicht.

Zurück in Berlin schrieb ich mit meinem Pilgerfreund Raffaele, der sich gerade auf den Camino de Levante in Spanien vorbereitete. Ich beneidete ihn um die 1.300 Kilometer, die er im März und April laufen wollte, aber ich freute mich auch sehr für ihn. Bald – so mein Ziel – wollte ich auch zu einem solchen Abenteuer aufbrechen und mehrere Monate auf dem Jakobsweg verbringen. Noch nicht im Jahr 2020. Aber 2021 sollte mein besonderes Pilgerjahr werden. Wie ich so viel Freizeit bekommen wollte? Ich hatte beschlossen, meinen Job nach 14 Jahren an den Nagel zu hängen. Es war nicht irgendein Job für mich. Ich empfand die Tätigkeit lange Zeit als meine Berufung. Aber so viel Leidenschaft ich für die Arbeit auch stets und immer aufbrachte, so sehr verschlang mich die Tätigkeit als Geschäftsführer einer kleinen Bürgerrechtsorganisation. Und zwar komplett. Der Funktionär Jörg funktionierte wie ein Schweizer Uhrwerk. Doch was war übrig vom privaten, vom echten Jörg? Der Jakobsweg sollte mir helfen, wieder mich selbst zu finden.

Ach, was beneidete ich Raffaele, als er mir die ersten Fotos aus Spanien schickte. Die karge Gegend, das reduziert Sein auf sich selbst. Nur laufen, essen, schlafen. Doch plötzlich war alles ganz anders.

Soldaten patrouillieren durch die Gassen von Santiago

„Meinst du, ich soll meine Pilgerreise abbrechen?“, fragte mich Raffaele. Das Coronavirus hatte Europa erreicht. Von heute auf morgen mussten wir die Bedeutung von Worten wie „Lockdown“ lernen. Aber ich riet Raffaele zu bleiben: „Du läufst doch durch eine extrem gering besiedelte Gegend. Was soll dir dort passieren? Mach weiter!“

„Weißt du, wenn ich den Leuten hier erzähle, dass ich Italiener bin, dann sind die auf einmal so distanziert.“

Hintergrund war, dass man in dieser ersten Welle der Pandemie das Virus mit keinem anderen Land so stark verband wie mit Italien, wo Tausende von Menschen innerhalb kürzester Zeit starben. Was für ein Alptraum.

„Hör auf, den Italiener heraushängen zu lassen, und lauf weiter!“, riet ich Raffaele, der seit fünfzig Jahren in Deutschland lebte. Aber mein Pilgerfreund war bereits auf der Rückreise.

Drei Tage später war die Situation in den Pilgerforen auf facebook bedrückend. Eine sehbehinderte Pilgerin, die ich einige Wochen zuvor in Hamburg kennengelernt hatte, war auf der Via de la Plata gestrandet. Sie schrieb, dass sie oft weinen müsse. Die spanische Regierung hatte inzwischen entschieden, dass alle Ausländer auszureisen hatten. Touristische Unterkünfte sollten landesweit geschlossen werden. Zugleich waren die Möglichkeiten der Rückreise inzwischen auf den Landweg beschränkt. Kein Flugzeug mehr am Himmel. Das Ganze glich einer Zombieapokalypse. Die anscheinend größte Sorge der Deutschen war zur selben Zeit, ob sie genug Toilettenpapier zu Hause hatten.

Besonders bedrückend empfand ich die Bilder aus Santiago de Compostela. Dort, wo Menschen üblicherweise voller Stolz ihre letzten hundert Meter auf dem Jakobsweg vor die Kathedrale liefen, patrouillierte das Militär, um Ausgangsbeschränkungen und andere Corona-Auflagen zu überprüfen. Statt dem fröhlichen individuellen Pilgerschritt herrschte der militärische Gleichschritt in Zweierreihe. Das war Krieg. Nicht zwischen Menschen, aber gegen ein kleines Virus.

Auslandsreisen rückten in ferne Zukunft. „Social Distancing“, noch so ein Unwort, veränderte das gesellige Miteinander, das auch auf Pilgerreisen immer ein wichtiger Bestandteil war und auch zukünftig sein sollte.

Doch warum in die Ferne schweifen? Der Jakobsweg beginnt, wie gesagt, vor der eigenen Haustür. Wenige Monate nach meiner Initiative zur Ausschilderung des Jakobsweges in Berlin eröffnete der Kirchenkreis Tempelhof-Schöneberg zusammen mit der Jakobusgesellschaft und mir als Initiator die erste Berliner Stempelstelle für Jakobspilger. Viele meiner Pilgerfreunde waren aus ganz Deutschland angereist, weil am gleichen Tag auch mein Buch *Pilgerwahnsinn – Warum der Jakobsweg süchtig macht* Buchpremiere feierte.

Inzwischen ist beim Kirchenkreis Tempelhof-Schöneberg auch das regionale Büchlein „Pilgerwege für Kinder und Familien“ kostenfrei erhältlich.

Ich war so stolz, dass meine Eltern, Freunde und viele Interessierte einen großen Saal im *Mercure Hotel MOA Berlin* füllten. Dort wo üblicherweise 800 Leute Platz fanden, durften jetzt 200 Leute mit großem Abstand sitzen. Zwei von ihnen waren Jessi und Nils, sie saßen direkt neben meinen Eltern. Mit dem jungen Paar hatte ich fünf Jahre zuvor meine erste Ankunft in Santiago de Compostela erlebt.

Nach der Lesung meinte Jessi, die meinen derben Humor inzwischen kannte: „Deine Mutter ist ja noch schlimmer als du.“ Was war geschehen? Als sich Mama Steinert neben die über vierzig Jahre jüngere Jessi gesetzt hatte, meinte sie plötzlich: „Oh, das hat man vorhin gar nicht gesehen.“ Als Jessi irritiert blickte, meinte meine Mutter „Na, das kleine Glück. Wann ist es denn so weit?“ Und Jessi, die nur etwas unvorteilhaft auf ihrem Stuhl saß, antwortete: „Öhm, das ist nur Pizza." Ich musste meine „Mugli", wie ich meine Mutter seit meiner Jugend nannte, amüsiert sofort darauf ansprechen. Ihr war das Geschehene etwas peinlich, ich hingegen hatte vom Lachen Tränen in den Augen. Und wer hat je gesagt, dass man Pilger mit Samthandschuhen anfassen muss.

Der Jakobsweg beginnt vor der eigenen Haustür

Im 21. Jahrhundert haben Pilgerreisen häufig auf dem Flughafen begonnen. Schnell wurden noch die Schlaufen und Schnallen des großen Pilgerrucksacks gesichert, damit sie nirgendwo auf dem Gepäckband hängen bleiben. Nach Erhalt der Bordkarte musste man schließlich durch die Sicherheitsschleuse. Warten auf das Boarding. Bald war man in der Luft und hatte schließlich den Boden eines anderen Landes unter den Füßen. Fern der Heimat startete die Pilgerreise. Und spätestens, wenn man einige Wochen später wieder am Flughafen war, wusste man, dass dieses Abenteuer nun vorerst zu Ende war.

Der technische Fortschritt und das gewachsene friedliche internationale Miteinander hatten die Hürden für eine Pilgerreise gesenkt, sodass auch Menschen im Rahmen ihres regulären Jahresurlaubs eine solche unternehmen konnten. Mit strahlenden Augen kehrten sie nach drei oder mehr Wochen zurück, berichteten stolz über das Erlebte und wie sie über sich selbst hinausgewachsen waren. Sie hatten die Launen des nordspanischen Wetters ebenso kennengelernt wie Menschen aus anderen Ländern und von unterschiedlichen Kontinenten. Menschen verschiedener Generationen und Lebenserfahrung. Menschen in Krisen, die sich nicht scheuten, sich von ihrer verletzlichen Seite zu zeigen, und zugleich beeindruckend stark wirkten.

Und nun war alles ganz anders. Selbst Reisen innerhalb Deutschlands waren keine Selbstverständlichkeit mehr. Das Spazierengehen wurde auch von denjenigen wiederentdeckt, die dies zuvor eher nicht praktizierten. Das nähere Umfeld rückte verstärkt in den Fokus, statt mit dem Blick in die Ferne zu schweifen. Auch deutsche Jakobswege wurden wiederentdeckt. Wege, die Menschen im Mittelalter nutzten, um sich im wahrsten Sinne des Wortes vom Acker zu machen, um nach Rom, nach Jerusalem oder später nach Santiago de Compostela zu pilgern. Nicht drei Wochen, sondern ein ganz Jahr dauerte eine solche Reise mitunter. Sowohl der Hin- als auch der Rückweg mussten komplett zu Fuß bewältigt werden. Es lauerten Räuber. Es grassierten Krankheiten. Und zugleich war es christliche Pflicht, Pilger bei ihrer Reise zu unterstützen.

Doch wie verläuft eine Pilgerreise in Deutschland im 21. Jahrhundert? Wie finde ich den Weg? Wo gibt es Unterkünfte? Wird es Pilgerbegegnungen geben? Und was werden die Menschen in den Dörfern und Städten über mich denken? Werde ich vielleicht für einen Landstreicher gehalten?

Die Vielzahl meiner Fragen zeigt, dass eine Pilgerschaft durchs eigene Land heutzutage vielleicht das noch viel größere Abenteuer sein kann. Worauf ich mich einlassen würde, wusste ich damals nicht. Ich konnte es nur herausfinden, indem ich bereit war, den ersten Schritt zu machen.

Eine Pilgerreise ist eine Reise ins Ungewisse. Und ein Pilgerweg nimmt vor der eigenen Haustür seinen Anfang. Erst ist es ein relativ individueller Weg, und langsam kommen die ersten Wegzeichen hinzu. Andere Pilger gibt es zunächst meist nicht, doch sie können sich jederzeit dazu gesellen. Bereits im Mittelalter schlossen sich Pilger im Laufe ihrer Reise zu Gruppen zusammen, sodass sich die Pilgerströme immer weiter verdichteten. Einige Historiker plädieren daher dafür, nur in Frankreich und Spanien von „Jakobsweg“ zu sprechen. In Deutschland wäre hingegen die Bezeichnung „Wege der Jakobspilger“ angemessener – schließlich waren und sind sie bis heute oft einzeln und auf ganz unterschiedlichen Wegrouten unterwegs. Entgegen dieser historisch sicher gut begründeten Argumentation wird in diesem Buch auch in Bezug auf Deutschland die Bezeichnung „Jakobsweg“ verwendet.

2 – Zusammen von Berlin Richtung Bodensee

Neues wagen

Beim Pilgern ist man als Fremder in der Fremde unterwegs – in anderen Ländern, wo andere Sprachen gesprochen werden und neu zu entdeckende Traditionen vorherrschen. So durchschritt ich damals Spanien mit den unvoreingenommenen Augen eines Kindes und war offen für Neues.

Doch eine Pilgerreise im Ausland war angesichts der Pandemie in weite Ferne gerückt. Unsere über ein halbes Jahr im Voraus gebuchten Flüge wurden von der Fluggesellschaft storniert. Also sollte die nächste Tour ganz ursprünglich – wie früher im Mittelalter – vor der eigenen Haustür beginnen. Unsere Reise startete daher auf dem Jakobsweg entlang der alten Reichsstraße Via Imperii. Zwar würden wir nicht bis nach Santiago kommen, aber es war auch kein bloßer Wochenendausflug geplant. Fünf Wochen hatten Seyran und ich für die etwa 900 Kilometer Richtung Bodensee eingeplant.

Auf der Via Imperii waren im Mittelalter Pilger nach Jerusalem, Rom oder Santiago unterwegs. Es war eine der wichtigsten Fernhandelsstraßen, die auch von Pilgern genutzt wurde. Der von Nord nach Süd verlau-

fende Weg führt von Stettin über Berlin und Wittenberg nach Leipzig, wo er die Via Regia – heute besser bekannt als Ökumenischer Pilgerweg – kreuzt. Über die Skatstadt Altenburg führt er in die Robert-Schumann-Stadt Zwickau und schließlich über Plauen nach Hof. In Zwickau trifft die Via Imperii auf den Sächsischen Jakobsweg, der auf einer anderen Route durchs Vogtland nach Hof führt. In Hof schließt sich der Jakobsweg durch Oberfranken an und führt bis nach Nürnberg. Hier können Pilger dem von Prag nach Speyer führenden Jakobsweg in Unterfranken folgen oder in nord-südlicher Laufrichtung dem Jakobsweg zum Bodensee – zunächst durch das fränkische Hügelland, dann über das Nördlinger Ries, die Schwäbische Alb und weiter ins Donautal.

Am Abreisetag wurde unsere interreligiöse Pilgergruppe um Seyran und mich am Brandenburger Tor von Staatssekretär Conrad Clemens verabschiedet. Der Bevollmächtigte des Landes Sachsen beim Bund gab uns einen erzgebirgischen Glücksbringer aus Holz mit auf den Fußmarsch Richtung Leipzig.

Die Reise sollte auch eine persönliche Zäsur markieren. Ich gab durch ein Presseinterview bekannt, dass ich meine Tätigkeit als Landesgeschäftsführer des Lesben- und Schwulenverbandes Berlin-Brandenburg nach vielen Jahren an den Nagel hängen würde, um mich neuen Aufgaben zu widmen.

Neben zahlreichen anerkennenden Worten fanden sich auch viele giftige Bemerkungen in Artikeln und Kommentarspalten wieder. „Lies das nicht" war ein häufiger Tipp meiner Pilgerfreundinnen. Aber dafür war ich viel zu neugierig.

Auch für Seyran war es eine aufregende Zeit. Bereits am zweiten Pilgertag musste sie aussetzen und nach Erfurt fahren, da sie die Berliner Landesregierung vor dem Bundesarbeitsgericht als Anwältin vertrat. Es ging um das Berliner Neutralitätsgesetz, das Lehrerinnen und Lehrer im öffentlichen Dienst eine religiös und weltanschaulich neutrales Auftreten vorschreibt. Zum Ärger von Seyran wurde das Urteil in Politik und Presse mit zahlreichen Ungenauigkeiten und Verdrehungen zitiert.

Den Alltag loszulassen wurde uns beiden daher erschwert. Und in der Ferne waren wir auch nicht unterwegs. Weniger als eine Zugstunde von der eigenen Wohnung entfernt, liefen wir mit unseren Pilgerfreundinnen Christine, Maria und Anja durch die Brandenburger Ebene. Landschaftlich abwechslungsreich war die Strecke nicht. Wir waren trotzdem alle sehr froh, wieder gemeinsam unterwegs zu sein.

Welche Menschen waren Teil dieser Pilgerreise, und woher kannte ich sie?

Christine und Maria: Die beiden Schwestern aus Bayern habe ich auf meiner ersten Pilgerreise 2015 in Nordspanien kennengelernt. Seitdem waren wir wiederholt (2016, 2019) zusammen auf Jakobswegen in Deutschland und Frankreich unterwegs (siehe mein Buch *Pilgerwahnsinn*).

Seyran und Serpil: Die beiden in Istanbul geborenen Schwestern sind in Berlin zu Hause. Seyran und mich verbindet seit vielen Jahren der Kampf gegen religiösen Extremismus – für Frauen- und LGBT-Rechte. Durch die gemeinsame Menschenrechtsarbeit und gemeinsame Pilgerreisen ist eine besondere Freundschaft entstanden. Während Seyran bewusst „pilgert“, ist es für ihre kleine Schwester eher „wandern“.

Das Landeskriminalamt (LKA): Die Personenschützer vom LKA folgen Seyran auf Schritt und Tritt, da sie als Individualgefährdete von Islamisten und anderen Extremisten bedroht wird.

Anja: Das Berliner Original hat ein großes Herz für Tiere. Am Telefon wird man von ihr mit „Was willst du?“ begrüßt. Die Jakobspilgerin, die noch nie in Santiago war, ist für vieles offen. Bei schmutzigen Bettlaken und fremden Haaren in der Dusche hört der Spaß aber auf.

Frank: Ich kenne niemanden, dessen Pilgerrucksack größer und schwerer ist. Wir lernten uns 2016 auf der Via de la Plata kurz hinter Sevilla kennen, 1.000 Kilometer Fußmarsch entfernt von Santiago de Compostela. 2018 pilgerten wir zusammen auf dem Camino del Norte.

Die ersten zwei Nächte war es am einfachsten, mit dem Zug nach Berlin zu pendeln und in unseren eigenen Betten zu schlafen. „Pendelpilgern“ war inzwischen auch in anderen Ländern beliebt geworden, da es in Zeiten von pandemiebedingten Unterkunftsverboten die einzige Möglichkeit darstellte, als Pilger (ohne Zelt) unterwegs zu sein.

Mit Übernachtungsverboten hatten wir in Deutschland inzwischen nicht mehr zu kämpfen, aber die Pandemie hatte die im Osten sowieso schon rar gesäten Pensionen weiter reduziert.

Ab Tag 3 kamen wir in unserer ersten Unterkunft in Treuenbrietzen unter. „Pension Britta“ klang zwar nicht nach Pilgerherberge, aber der große Stein mit Kilometerangabe nach Santiago am Eingang versprühte bereits eine besondere Atmosphäre.

Auch brachen wir hier mit einer weiteren aus Spanien bekannten Tradition, dass man in einer Pilgerunterkunft maximal eine Nacht verbringen darf. Die stimmungsvollen Schäferwagen der Pension sollten für zwei Nächte unsere Unterkunft sein. Aber nicht weil wir pausierten, sondern weil wir zwischen Treuenbrietzen und Kropstädt wieder pendelten.

Es lohnt sich zu erkunden, wo in Wohnortnähe Jakobswege verlaufen. Eine willkommene Möglichkeit, für ein paar Tage Pilgerluft zu schnuppern. Viele sind historisch gewachsen, wenn auch über Jahrzehnte oder mehr in Vergessenheit geraten. Die Wege sind heute in der Regel wieder gut ausgeschildert. Jedoch gibt es in Deutschland noch relativ wenige Herbergen, weshalb es einer guten Vorbereitung bedarf, um jede Nacht ein bezahlbares oder überhaupt ein Dach über dem Kopf zu haben. Oft bleibt nur das Ausweichen auf Gasthöfe, Pensionen und Hotels. Auch Klöster warten am Wegesrand. Einige Pfarrgemeinden unterstützen engagiert. Entsprechend der Unterkunftskategorie gestal-

ten sich die Ausgaben. Preisgünstige Selbstversorgung aus einem Supermarkt ist nicht immer einfach möglich, weshalb regionale Spezialitäten in Restaurants und Gasthöfen kennengelernt werden können.

Auch wenn wir in Kropstädt nicht nächtigten, einen Pilgerstempel wollten wir von dort trotzdem. Die Leute von der Tankstelle Schmidt dachten zunächst, wir wollen sie veralbern, weil dieser Wunsch offenbar noch nie geäußert wurde. Begründeten wir hier vielleicht eine neue, örtlich unbekannte Tradition?

Die Tagesetappen waren aufgrund der wenigen Unterkunftsmöglichkeiten bereits vor unserer Reise durchgeplant. Viel Spontaneität blieb daher nicht. Wir pilgerten durch eine Brandenburger Einöde mit

sandigem Boden, so gut wie keinen Erhebungen und insgesamt wenig Infrastruktur. Die erste große Stadt auf unser Pilgerreise durch Deutschland war Lutherstadt Wittenberg. Inzwischen durchschritten wir schon Bundesland Nr. 3, nach Berlin und Brandenburg nun Sachsen-Anhalt.

Die deutsche Kleinstaaterei wurde perfekt durch einen Radweg sichtbar, der entlang einer Landstraße verlief. An der Landesgrenze zwischen Brandenburg und Sachsen-Anhalt endete dieser abrupt.

Mit der im Zentrum von Wittenberg gelegenen Herberge im Gloecknerstift, von Eduard Feodor Gloeckner 1856 als „Knaben-Rettungshaus“ gegründet, hatten wir nun eine komfortable Unterkunft in Nähe von Einkaufsmöglichkeiten und Restaurants.

Da war es wieder, dieses bayerische „Ja mei“ von Maria. An der Stimmlage konnte ich erkennen, dass es nicht die positive Version davon war. Maria hatte in der Innenstadt ihr Portemonnaie verloren. Darin war nicht nur Geld, sondern auch ihre gesamten Geldkarten und ihr Personalausweis. Also ging es – trotz strömenden Regens wieder raus. Wir durchsuchten im Dunkeln alle Orte, an denen wir zuvor gewesen waren. Anja und Maria zeigten Optimismus, während Christine und ich von Minute zu Minute weniger Sinn in dem Unterfangen erkennen konnten. Ich war inzwischen bis auf die Unterhose durchgeweicht und brach die Suche ab.

Das Blöde war der nicht unerhebliche Verlust von Maria. Das Gute, jetzt waren wir alle im Hier und Jetzt angekommen und hatten alle anderen Sorgen aus Berlin und München hinter uns gelassen. Die beste Voraussetzung für einen Neustart.

„Wie bei der Bundeswehr“

Der nächste Vormittag war durch Marias Verlust erheblich getrübt. Fast im Stechschritt ging es voran. Das Tempo hätte mir grundsätzlich gefallen und war aufgrund der langen Tagesetappen, die nun anstanden, auch erforderlich. Aber mein Rücken schmerzte unter der Last des schweren Rucksacks. Er war nicht schwerer als sonst. In den vergangenen sechs Monaten hatte mir aber mein Iliosakralgelenk zunehmend Probleme bereitet. Ich hatte meinen Körper zu viel Schreibtischarbeit zugemutet in den vergangenen Jahren. Auch wenn Bewegung gut tun sollte, war der abrupte Wechsel von ständigem Sitzen hin zu stundenlangem Laufen mit weiteren Schmerzen verbunden.

Wir liefen hintereinander. Niemand plauderte fröhlich, wie es sonst bei uns üblich war. Entlang einer langweiligen Landstraße musste wir zudem ständig über Leitplanken steigen. „Das ist hier ja wie bei der Bundeswehr“, wusste Anja die Situation treffend zu kommentieren. Es folgte ein beschwerliches „Uff“. Ich stimmte amüsiert zu. Da niemand von uns je bei der Armee gedient hatte, kamen wir darüber ins Philosophieren, wie es wohl bei den Tagesmärschen der Soldaten sei. „Bestimmt lustiger als bei uns“, fügte Anja provokant hinzu.

Das Eis war gebrochen. Und inzwischen konnte auch Maria wieder entspannter sein, deren Portemonnaie ein ehrlicher Finder im Fundbüro von Wittenberg abgegeben hatte.

Während wir in den vergangenen Tagen wiederholt auf Landkarten und GPS-Tracks schauen mussten, war der Weg inzwischen nicht mehr zu verfehlen, da der Jakobsweg nun entlang des Lutherwegs verlief. Das geschwungene grüne L war mitunter leichter zu entdecken als die kleine gelbe Muschel.

Auch landschaftlich wurde es abwechslungsreicher. Statt dunkle Nadelwälder durchschritten wir zunehmend helle Buchen- und Mischwälder. Kleine Hügel sorgten für neue Perspektiven. Und als wir schließlich am leeren Sandstrand eines Sees bei Sonnenschein ankamen, entschlossen Maria und ich, uns zu erfrischen. Dass wir keine Badesachen dabeihatten, störte uns nicht. Runter mit den Klamotten und rein in die Fluten.

Die anderen drei Pilgerfreundinnen und die Männer vom LKA mochten sich nicht anschließen. Maria und ich hatten dieses Idyll für uns allein. Auch wenn es nur wenige Minuten waren, die wir im Wasser verbrachten, wir strahlten vor Glück.

Als wir uns wieder ankleideten, kam ein älteres Ehepaar vorbei, das wir über den See ausfragten. Warum waren wir denn hier die einzigen Badegäste? „Bei dem Wetter?“, erwiderte die Frau. Ich schaute in den blauen Himmel und wurde sogleich von der Sonne geblendet. Warm war es – auch wenn inzwischen September. Die beiden erzählten uns, dass es vor 30 Minuten doch so furchtbar stark geregnet hätte. „Hier jedenfalls nicht“, erwiderte ich. Auch bevor wir am Strand ankamen nicht, sonst wäre der Sand nass gewesen.

Schnellen Schrittes und zugleich in Plauderlaune ging es für Maria und mich weiter. Und wir stellten mit 8 km/h Höchstgeschwindigkeit einen neuen Rekord auf. Auch unsere Durchschnittsgeschwindigkeit von 6,5 km/h konnte sich sehen lassen. Mit nassen Haaren vom Baden und verschwitztem Oberkörper vom Schnellpilgern holten wir unsere Freundinnen in kurzer Zeit wieder ein. Gemeinsam ging es gemächlich weiter.

Wolken hatten den Himmel inzwischen verdunkelt, und wir hatten Not, rechtzeitig unsere Regenponchos überzustülpen, bevor ein heftiger Regenguss über uns niederging. Verdutzt schauten sich Maria und ich an, als ob die älteren Leute vom See eine Zeitreise unternommen hätten. Die Wahrheit lag jedoch vermutlich in einer topographisch bedingten Wetterscheide.

Etwa 500 Meter vor unserem Ankunftsziel war der Spuk wieder vorbei. Eine Pilgerunterkunft gab es hier nicht. Ein für Pilgerverhältnisse teures Heidehotel war daher unsere heutige Herberge. Aber warum sich nicht mal etwas Luxus gönnen?!

Wir freuten uns auf die Sauna im Hotel. Coronabedingt war sie leider außer Betrieb. Große bequeme Betten sollten uns Luxus genug sein. Doch die Matratzen waren derart durchgelegen, dass wir es nur begrüßen konnten, dass just an diesem Tag neue Matratzen angeliefert wurden. In der Hoteletage unter uns war reger Lieferbetrieb. Wir fragten daher an der Rezeption nach, ob wir auch eine der neuen Matratzen bekommen könnten. Das zackige „Nein" überraschte uns sehr. Vielmehr wurden uns zusätzliche Decken aus dem stillgelegten Saunabereich zum Unterlegen angeboten. Nun ja, es sollte nur für eine Nacht sein.

Abends schrieben wir meist unseren Lieben in der Heimat via Smartphone Textnachrichten, berichteten ein wenig von unseren Erlebnissen und sendeten ein paar Fotos. Fehlanzeige hier im Hotel. Das W-Lan war eine einzige Katastrophe und das Hotel befand sich in einem Funkloch, sodass keiner von uns – unabhängig vom Mobilfunkanbieter – mittels Smartphone kommunizieren konnte. Im Hotelrestaurant fragten wir nach, was die Lösung sein könnte. Und wir bekamen wieder eine ungewöhnliche Antwort, und zwar, dass andere Hotelgäste im oberen Teil des Parkplatzes oft eine gute Verbindung hätten. Ich schaute aus dem Fenster und meinte nur etwas genervt „Ich geh doch jetzt nicht da raus in den Regen, um eine Textnachricht zu senden."

Pilgern kann Verzicht bedeuten. Aber wir hatten etwa 100 Euro pro Person hiergelassen, dafür waren Service und Angebot doch wenig überzeugend.

Es fiel nicht schwer, am nächsten Morgen von diesem Ort Abschied zu nehmen. In Bad Düben erwartete uns dankenswerterweise das komplette Kontrastprogramm. Eine richtige Pilgerherberge war hier im Aufbau. Da der Herbergsvater nicht da war, schloss uns ein Nachbar auf und überließ uns vertrauensvoll den Schlüssel. Auf unsere Frage, was wir bezahlen müssten, wusste er nur zu spekulieren. „Ich glaube, die Pilger legen 10 Euro in das Buch in der Küche." Das Vertrauen war auch ansonsten groß. Im ganzen Haus lagen Wertgegenstände wie Kameras oder sogar Geld herum. Das Erdgeschoss stand uns zur Verfügung. Erstes Obergeschoss und Hof waren hingegen noch Baustelle. Und wir trafen auf unseren ersten fremden Mitpilger, den wir zuvor noch nicht auf dem Weg gesehen hatten. Seine Tagesetappen waren mit mehr als 40 Kilometern auch zu ambitioniert. Er klagte darüber, dass er es nicht hatte langsamer angehen lassen, aber das teure Hotel des Vortages kam für ihn aus finanziellen Gründen nicht in Frage. Die Quittung war bitter. Sein Knie schmerzte derart, dass er die

Pilgerreise am nächsten Tag abbrechen musste. Also ging unsere kleine Truppe wieder allein weiter.

Nicht nur landschaftlich, sondern auch bezüglich der Unterkünfte wurde es immer uriger. Die *Bruderschaft Liemehna* sollte nun ein Dach über dem Kopf bieten. Auch wenn die bisherigen Restaurant-Besuche mit großer Geselligkeit verbunden waren, mochten wir nicht schon wieder Griechisch essen, wie an fast jedem der Vortage. Also wurde gemeinsam gekocht.

Alte Heimat

Wir näherten uns meiner alten Heimat. Schritt für Schritt. Und nicht nur die Landschaft wechselte, auch die Orte wurden schöner, vielfältiger und lebendiger. Für die gebürtige Berlinerin Anja stand aber nach wie vor fest: „Hier möchte ich nicht tot übern Zaun hängen."

Durch Leipzig pilgerten wir von Nord nach Süd an einem Nachmittag. Der Weg verlief entlang eines grünen Bandes. In der Innenstadt kreuzten sich die von

Nord nach Süd verlaufende Via Imperii und die von Ost nach West verlaufende Via Regia. Wir folgten weiter der Via Imperii.

In Markkleeberg, südlich von Leipzig, kamen wir bei einer Freundin von Christine unter, und ich las auf dem Gelände der Fahrradkirche Zöbigker aus meinem Buch *Pilgerwahnsinn*. Das Publikum reagierte etwas verhalten. Was jedoch dahingehend zu verstehen war, dass nichts beanstandet wurde. Umso herzlicher war der Abschied am nächsten Morgen, als uns die Vertreter vom Pilgerverein mit selbstgehäkelten Pilgerpuppen und Einweg-Regenponchos als Geschenk verabschiedeten. Aber nicht irgendwelche Regenponchos, sondern vom Papst gesegnete Ponchos! Ich schmunzelte, da der Papst zwar keine homosexuellen Paare segnen mochte, dafür aber Ponchos. Dennoch nahm auch ich die Geschenke gern an.

In Markkleeberg endete die Pilgerreise von Maria. Weiter südlich von Leipzig durchschritt unsere geschrumpfte Pilgergruppe ein ehemaliges Tagebaugebiet. In weiter Ferne rauchten noch einige Schornsteine. Parallel zu unserem Weg rauschte die Autobahn. Ich fühlte mich in dieser rustikal anmutenden Industrieromantik wohl. „Jetzt kommt wieder sein Autobahnfetisch zum Tragen“, Seyran konnte sich sehr darüber amüsieren. „Ich fasse es nicht, du findest das wirklich schön“, fügte sie lachend hinzu. Einige Kilometer später fanden es auch meine Mitpilgerinnen richtig schön. Der alte Tagebau war in den letzten Jahren geflutet worden. Auf den neu entstanden Seen fuhren Segelboote, und nicht wenige Neureiche hatte sich direkt ans Wasser Häuser gebaut.

Da alle Pensionen in Borna ausgebucht waren und wir uns fragten, warum das so war, mussten wir auf Eula ausweichen. Die Pensionsbetreiber begrüßten uns in feinstem Sächsisch. Ich genoss die fragenden Blicke meiner Mitpilgerinnen, die nicht alles verstanden.

Pilger waren hier noch nie untergekommen. Das Interesse an unserer Reise war entsprechend groß, und die Pension war schön und liebevoll eingerichtet. Uns trieb hingegen eine unausgesprochene Frage um, und zwar, wer in diesem entlegenen Flecken wohl Urlaub machte. Menschen, die eine Affäre heimlich ausleben wollen?

Sachsen war unser viertes Bundesland, und bevor wir dieses Richtung Bayern verlassen sollten, durchschritten wir einen halben Tag lang Thüringen. Die Nacht verbrachten wir in Altenburg. Eine ältere Dame ging schon aufgeregt auf dem Fußweg auf und ab. Zu oft hatten Pilger sie schon versetzt oder sie musste stundenlang warten. Wir hingegen waren fast auf die Minute pünktlich. Während Anja unbedingt ein Einzelzimmer in einem Hotel haben wollte, nächtigten Christine und ich im Nebengebäude der Kirche. Vertrauensvoll wurde uns der Schlüssel in die Hand gedrückt, den wir am nächsten Morgen in den Briefkasten werfen sollten. Als wir unsere Übernachtung bei der Dame bezahlen wollten, verwies sie auf ein Kirchenbuch im Schlafraum: „Legen Sie das Geld dort hinein. Ich glaube, es sind 10 Euro pro Person.“ Der guten Christine war das viel zu wenig und wir verständigten uns beide darauf, jeweils ein paar Euro mehr zu hinterlassen.

Noch immer verliefen Jakobsweg und Lutherweg parallel zueinander. Ich wusste, dass sich die Wege vor Zwickau wieder trennen würden, sie taten es aber viel eher als gedacht. Doch ein kleiner Umweg hat noch nie jemanden umgebracht, dachte ich gelassen, während meine Mitpilgerinnen gern auf den Umweg verzichtet hätten.

Kurz vor Zwickau staunten alle nicht schlecht über die Schönheit der Dörfer. Die Häuser waren alle prunkvoll hergerichtet. „So arm ist der Osten gar nicht“, meinte Christine. Offenbar hatten die Bauern mit den Grundstücksverkäufen an VW gutes Geld verdient. Zugleich bemerkte Seyran etwas anderes mit Sorge: „Schau mal, schon wieder eine Reichsflagge.“ Ich schämte mich für meine Heimat.

Umso schöner war die Ankunft in Zwickau, die von einem Radiointerview auf dem Hauptmarkt begleitet wurde. Meine Buchlesung in der Stadtbibliothek war am Abend sogar ausgebucht. Die meisten Leute kannte ich nicht, andere vertraute Gesichter hatte ich seit vielen Jahren nicht mehr gesehen. Darunter meine Tante Gabi. Keine blutsverwandte Tante, aber eine enge Freundin meiner Eltern, die ich auch als Erwachsener noch gerne Tante Gabi nannte. Als ich sie meinen Freundinnen entsprechend vorstellte, strahlte sie stolz vor Freude. Ihr kleiner Jörg hatte ein unterhaltsames Buch geschrieben, das sie bereits an wenigen Abenden zuvor verschlungen hatte.

Meine Eltern freuten sich nicht minder und luden alle zu einem geselligen Abend am Lagerfeuer ein.

Es war schön hier zu sein. Zugleich war klar, dass es meine alte Heimat war und ich hier zukünftig nur noch Gast sein würde.

Als Gast umsorgt waren wir auch im Vogtland. Wegewart Siegfried hatte Christine, Maria und mich einige Jahre zuvor schon mal einen Abschnitt begleitet und zusammen mit seiner Frau Monika in seinem Garten köstlich bewirtet. Auch dieses Mal stand er Seyran und mir als aufmerksamer Pilgerführer zur Seite. An seinem Haus in Limbach hatte er inzwischen eine eigene Stempelstelle eingerichtet.

In Siegfrieds Begleitung besichtigen wir das Gut Neumark der seit Jahrhunderten in der Region bekannten Familie von Römer. Wegen einer Pilgerreise ihres Vorfahren Martin von Römer zierten zwei Pilgerstäbe das Familienwappen. Erstmals auf diesem Weg spürten wir damit eine Art von Verbindung zu Pilgern früherer Zeiten.

Auch in Deutschland richten sich die Pilgerwege grundsätzlich nach dem Verlauf der historischen Wege und Straßen. Frühere Handels- und Militärstraßen wurden bereits im Mittelalter von den Pilgern genutzt.

Wer historische und kulturelle Spuren auf dem Weg wahrnimmt, kann die spirituelle Dimension erspüren. Eine Diskussion darüber, welcher der „richtige“ Wegverlauf durch Deutschland ist, ist mühselig - zumal jeder Weg zum Grab des heiligen Jakobus ein Jakobsweg ist.

Viele engagierte Menschen haben sich in den vergangenen Jahren bei der Wahl der Routen darum bemüht, dass der Streckenverlauf der heutigen Jakobswege den historischen Wegverläufen aus dem Mittelalter entspricht. Wenn möglich, pilgert man auf alten Pfaden. Sehr häufig ist das aber nicht mehr möglich, weil alte Wege verschwunden sind oder durch vom Autoverkehr geprägte Straßen ersetzt wurden. Und wer möchte schon auf dem Standstreifen einer Autobahn pilgern, nur weil ihm oder ihr bewusst ist, dass hier vor Jahrhunderten ein Pilgerweg existierte?!

Tot auf dem Jakobsweg

Drei Jahre zuvor hatte ich in Spanien einen alten Mann getroffen, der ständig darüber philosophierte, wie es wäre, auf dem Jakobsweg zu sterben. Begleitet wurden seine lauten Äußerungen immer durch ein noch lauteres Lachen. Wenige Tage zuvor hatte er sein Hörgerät auf dem Weg verloren. Und da er weder Spanisch noch Englisch sprach, hämmerte er wie mit einem Presslufthammer allen die deutsche Sprache in die Gehörgänge.

In früheren Zeiten soll der Tod auf dem Jakobsweg als eine der höchsten Formen des Sterbens betrachtet worden sein. Ohne Umweg durchs Fegefeuer sollte die Seele der verstorbenen Person direkt in den Himmel aufsteigen.

In Brandenburg waren wir mal wieder durch ein mehrere Kilometer andauerndes Funkloch gelaufen. „Mit einer fehlenden Funkverbindung beginnen meist Terroranschläge", merkte einer der Personenschützer von Seyran an. „Um dich können wir uns in so einem Moment aber nicht kümmern", fügte er in meine Richtung mit einem breiten Grinsen hinzu. Wir hatten uns inzwischen so gut kennengelernt, dass solche Bemerkungen vollkommen in Ordnung waren.

Seyran machte allerdings etwas anderes zu schaffen. Sie war in den falschen Schuhen in einem für sie viel zu schnellen Schritttempo unterwegs. Die Folge waren Blasen an ihren Füßen, die unsere gemeinsam Freundin Christine fachfraulich versorgte. Trotz Schuhwechsel kamen täglich weitere Blasen dazu, und nachdem Christine abgereist war, musste sich Seyran fortan selbst darum kümmern. Während sie das tat, schaute ich mitunter ungeduldig auf meine Uhr, weil eine Tagesstrecke von 35 Kilometern keine Kurzstrecke ist und die Tage lichtbedingt immer kürzer wurden.

Doch weder Terroristen noch Blasen wurden uns zum Verhängnis. Furchteinflößend waren aber die riesigen Landwirtschaftsmaschinen, deren Räder weitaus größer als wir waren. Eines Tages lenkte ein vielleicht

12-jähriger Junge einen riesigen Traktor durch ein bayerisches Dorf. Niemand störte sich daran, wir schon. Mit offenem Mund und aufgerissenen Augen ging es schnell weiter.

Und als Seyran ein paar Stunden später schnell die Straßenseite wechseln wollte, als ein Traktor laut angerast kam, wurde sie von einer Personenschützerin mit den scharfen Worten aufgehalten „Sie bleiben jetzt hier!“ Seyran folgte den Anweisungen und war einfach nur froh, als der Traktor vorbeigefahren war. Und ich malte mir in einem makabren Gedankenspiel aus, dass die Personenschützer das Gespött des gesamten LKAs wären, wenn ihre Schutzperson von einem Traktor überfahren würde. Von diesen Gedanken erzählte ich in diesem Moment aber lieber niemandem etwas.

Umwege und Schlafstörungen

Ich hatte gegenüber Seyran und dem LKA die Behauptung aufgestellt, dass man sich auf dem Jakobsweg nicht verlaufen könne. Den Gegenbeweis trat ich nun täglich an. Spätestens ab Plauen konnte ich mich nicht mehr an den Vorgaben von Christine orientieren, und Seyran setzte gelegentlich aus, einerseits, weil sie beruflich Sachen zu erledigen hatte, und andererseits, weil die von mir geplanten Tagesetappen 40 Kilometer überschritten.

Bis Sachsen war der Weg flach. Doch hier im Vogtland, an der sächsisch-bayerischen Grenze war der Weg zunehmend durch Höhenmeter gekennzeichnet. Der Tag startete im Pfaffengut bei Plauen, wo ich am Tag zuvor aus meinem Buch gelesen hatte. Es nieselte, es war aber weder windig noch kalt. Eigentlich das perfekte Wander- beziehungsweise Pilgerwetter. Als ich im ersten Waldstück jedoch den Weg verloren hatte und GPS-geleitet bergab durch eine nasse Wiese schritt, merkte ich, dass der heutige Tag nicht einfach werden würde.

Der grüne Grenzstreifen zwischen Plauen und Hof war noch immer das Naturparadies, als das ich es in Erinnerung hatte. Einige Jahre zuvor war ich auf diesem Stück des Jakobsweges schon einmal gelaufen, in Begleitung von Christine und Maria. Nun war ich allein unterwegs. Und beim Übertreten der ehemaligen deutsch-deutschen Grenze schrieb ich auf facebook erfreut: „Ich hab rübergemacht."

Am späten Nachmittag entfaltete die Sonne ihre volle Kraft. Ein beleibter Franke stand an seinem Gartenzaun mit einem großen Bier in der Hand. Als ich ihm von meiner Pilgerreise erzählte, musste er erstaunt lachen und nahm anschließend einen großen Schluck des kühlen Gebräus, um das ich ihn beneidete. „Bis Hof wollen Sie heute noch?", er staunte wieder nicht schlecht. Dabei waren es nur noch wenige Kilometer. Ich erzählte erst gar nicht davon, wo ich an diesem Morgen gestartet war, Verlaufen und zusätzliche Kilometer inbegriffen.

Kurz vor meinem Ziel ging es steil bergab, zumindest empfand ich es als steil. Es wurde langsam duster und mein Schritt verlangsamte sich von Minute zu Minute. Hinter mir kamen Spaziergänger, die mich zu überholen drohten. Ich legte nochmal eine Schippe drauf und ließ das nicht zu.

Da sich die Pilgerherberge in Hof in einem Altersheim befand, war diese coronabedingt geschlossen. Einige Wochen zuvor hatte ich daher in der Jugendherberge ein Zimmer gebucht. Aufgrund meiner späten Ankunft wurde mir der Türcode vorab übermittelt. Nach dem Abstieg musste ich zunächst wieder bergauf, da sich die Jugendherberge am anderen Ende der Stadt auf einem Hügel befand.

Die Straßenbeleuchtung war mäßig. Und auf dem letzten Kilometer führte ich Selbstgespräche. Auf einmal eine Antwort. Erschrocken drehte ich mich um, aber erblickte lediglich meinen Schatten im Licht der Straßenlaternen. Hörte ich jetzt etwa schon Stimmen? Nun antwortete mir wieder eine Stimme, die darum bat, dass ich deutlicher sprechen solle. Es war mein Smartphone. Wenigstens war ich nicht verrückt geworden.

Geschafft. In einer größeren Stadt sollte auch die Verpflegung kein Problem sein. Da ich fürchtete, dass ich nach dem Duschen nicht mehr die Kraft aufbringen würde, das Haus zu verlassen, brach ich verschwitzt und schmutzig zum Abendessen auf. Ein Restaurantbesuch schied daher aus. Also wollte ich zu McDonald’s.

Aufgrund der Pandemie war nur der Drive-in-Schalter geöffnet. Ein Auto drängte sich an das nächste. Und ich. Ich war kein Auto. Egal, ich wollte mich dann halt bei den Autos anstellen. Oder? Da auch die Einfahrt schlecht beleuchtet war und ich nicht der beim Drive-in angefahrene Pilger sein wollte, cancelte ich diese Überlegung wieder. Eine Pizzeria mit Pizza zum Mitnehmen war daher eindeutig die bessere Wahl.

Die Dusche diente an diesem Abend nicht nur der Körperhygiene. Das kalte Wasser sollte auch meine Schmerzen betäuben. Mit festem Schlaf holte sich mein Körper die verausgabte Kraft zurück.

Am nächsten Morgen erwarteten mich Seyran und das LKA mit einer La-Ola-Welle an unserem Treffpunkt. Über 45 Kilometer waren auch für mich kein Pappenstiel. Und so schnell wollte ich das nicht wiederholen. Vergleichbar lange Strecke waren nicht geplant, dafür noch größere Umwege.

In Bayreuth schloss Frank sich uns an. Er war insbesondere in den Morgenstunden schnellen Schrittes unterwegs, sodass wir zunächst getrennt liefen. Seyran hatte sich angewöhnt, im Laufe des Vormittags dazuzustoßen, da sie nicht mehr als 25 Kilometer am Tag laufen mochte. Und ich, ich war früh meist noch nicht so motiviert. Das frühe Aufstehen bereitete mir keine Sorgen, aber ich brauchte jeden Tag eine Weile, bis ich das Gehen nicht mehr als mühevolle Bürde empfand. Und da ich eher vor mich hintrottete, häufig aufs Smartphone schaute, den Sonnenaufgang fotografierte und mich auch ansonsten mit dem Umfeld vertraut machte, kam es fast täglich vor, dass ich den anderen folgende Zeilen schreiben musste: „Habe mich leider verlaufen, bin etwa 45 Minuten später bei unserem vereinbarten Treffpunkt." Das mit den 45 Minuten war jedoch eher tiefgestapelt. Und zunehmend war ich von mir selbst genervt, da die zusätzlichen fünf Kilometer täglich mir ganz schön zu schaffen machten.

Ich suchte zunächst die Schuld bei den anderen. „Warum schildert man hier den Weg in beide Richtungen aus, statt ihn erst mal richtig in die eigentliche Laufrichtung auszuschildern", war einer meiner Kritikpunkte. Oder: „Wenn ich allein unterwegs bin, passiert mir sowas nie. Das liegt nur daran, dass ich mich von den Verabredungen mit Seyran und Frank stressen lasse."

Uns hatten zwar unsere drei Pilgerfreundinnen verlassen, aber mit Frank war nun ein Pilger schnellen Schritts an unserer Seite. Auch wenn er noch nicht eingelaufen war, schienen ihm die langen Tagesetappen keine Probleme zu bereiten. Fast. Zum späten Nachmittag hin verlangsamte sich der Schritt von Frank, und die Hügel kurz vor der Ankunft bereiteten ihm keine Freude mehr. Umso zufriedener war er später, wenn er in einer Dorfschenke sitzen konnte und ein paar Biere genoss.

Frank und ich hatten Doppelzimmer vorgebucht, die mir schnell zum Verhängnis wurden. Erschöpft vom Tag und mit bierbedingter Bettschwere brauchte Frank nur wenige Sekunden zum Einschlafen. Und los ging das Konzert. Entweder hatte die Lautstärke seines Schnarchens seit unserem Kennenlernen auf der spanischen Via de la Plata zugenommen oder ich war eine Mimose geworden. Während ich in der ersten Nacht noch glaubte, dass ich mich nur in die andere Richtung drehen müsse oder die Bettdecke über den Kopf ziehen sollte, legte ich in der zweiten Nacht mein Kopfkissen ans Fußende, um weitere zwei Meter zwischen Franks Schnarchorgan und mich zu bringen. In der dritten Nacht wurde sein Schnarchen von einer lauten Gruppe Betrunkener unter unserem Fenster begleitet. Da es sich um einen Biergarten handelte, freute ich mich schon auf die Nachtruhe um 22 Uhr, an die das Wirtshaus gesetzlich gebunden war. Um 22.30 Uhr googelte ich die Bayerische Biergartenverordnung, die besagte, dass bis 23 Uhr Ausschank im Außenbereich erlaubt sei. Um 23.15 Uhr polterte ich wütend die Treppen herunter. Doch die Wirtsleute hatten in der Tat 23 Uhr Feierabend gemacht, aber zuvor die Gäste mit mehreren Krügen Bier ausgestattet.

So konnte ich nicht schlafen. Daher schleppte ich meine Matratze aus dem Zimmer. Und just in dem Moment, als meine Matratze in der Schlafzimmertür feststeckte, wachte Frank auf und erblickte im Schein des Vollmondes den leeren Lattenrost neben sich. Er wendete sich verdutzt in meine Richtung mit aufgerissenen Augen. Ich erwiderte nur: „Schlaf weiter.

Aber ich muss woanders die Nacht verbringen." Da das Badezimmer ebenso Richtung Biergarten zeigte, schleppte ich die Matratze in den Flur der Pension. So wütend, wie ich war, war mir vollkommen egal, was gegebenenfalls andere Pensionsgäste von mir denken würden.

Am nächsten Morgen, ich zerrte gerade die Matratze zurück ins Zimmer, stellte Frank nüchtern fest, dass es kein Wunder sei, dass ich nicht gut schlafen könne, wenn ich in der Nacht schwere Bettmatratzen durch die Gegend schleppe. Ich kommentierte diese Bemerkung mit einem Brummen. Frank äffte mich amüsiert nach.

Aber auch Frank war nur für ein paar Tage mit uns unterwegs. Die letzte gemeinsame Nacht nahte, für die wir noch nicht vorgebucht hatten. Alice, die Frau von Frank, hatte uns ein Zimmer reserviert. „Einzel- oder Doppelzimmer?", fragte ich. Zu meinem Leidwesen natürlich ein Doppelzimmer. Da alle Strategien bisher wenig erfolgreich gewesen waren, versuchte ich es mit Geselligkeit. Auf den Nachttischen von Frank und mir standen je zwei Flaschen Bier, in meinem Fall Radler. Auch ich wollte die Bettschwere erreichen, die mich die äußeren Umstände ausblenden ließen. Wenige Minuten später, ich nippte noch an meinem Radler, schnarchte Frank derart laut, dass selbst die alkoholische Hilfe mich nicht ausreichend müde machte. Und in mir kam der Gedanke mit dem Tod auf dem Jakobsweg wieder auf. Nicht mein Tod. Aber ich wollte später auf schlafmangelbedingte Notwehr plädieren.

Das mit dem Verlaufen ging auch nach der Abreise von Frank weiter. Der Weg entlang der lieblichen Anfänge der Donau gefiel mir. Aber es war nicht der Jakobsweg, auf dem ich mich bewegte, denn der befand sich auf der anderen Uferseite und entfernte sich dort vom Fluss. „So eine Sch ... Wo ist denn hier die nächste Brücke?", fluchte ich vor mich hin. In einem viel freundlicheren Ton fragte ich einen alten Mann, der hier mit seinem Hund Gassi fuhr. Ja, er ging nicht Gassi. Er fuhr Gassi. Der Hund lief und er fuhr im Schritttempo mit heruntergelassener Autoscheibe nebenher. „Die nächste Brücke ist in etwa fünf Kilometern. Laufen Sie schon mal weiter. Ich hole Sie später mit dem Auto ein und nehme sie dann mit." Gesagt, getan.

Im Auto tauschten wir uns über Umwege aus. Ich erzählte, dass ich auf meiner etwa 900 Kilometer langen Pilgerreise von Berlin zum Bodensee inzwischen bestimmt schon 50 Kilometer Umweg zusätzlich gelaufen sei. „Ui, ganz schön viel", meinte der nette Herr. Zugleich wusste er mir zu berichten, dass er auch täglich Umwege machen müsse wegen Arbeiten an der Brücke, zu der er mich bringen würde und die vorerst nur noch für Fußgänger passierbar sei. Auch er hatte gerechnet und kam auf 12.000 zusätzliche Kilometer zu seiner Gassistrecke im Jahr. Zwar nicht zu Fuß, und dennoch erschienen mir meine 50 Kilometer im Vergleich dazu eine Nichtigkeit.

Eine Fliege im Bier

Je südlicher wir kamen, desto besser schmeckte mir das Bier. Es war die Zeit, bevor Frank in Bayreuth zu uns stieß. Wir liefen gerade durch Bayern, besser gesagt durch Franken. Ich übernachtete in der ersten Etage eines Eckhauses, direkt an der Hauptstraße dieses beschaulichen Dorfes. Seyran und das LKA übernachteten wie immer ganz woanders.

Das Wort „Fremdenzimmer" war hier in der Gegend noch sehr geläufig. Und das war ich auch, ein Fremder auf Reisen, der einen Schlafplatz benötigte. Hier im Frankenland wechselten sich evangelische und katholische Dörfer regelmäßig ab. Ich nächtigte in einer katholischen Umgebung. In Sichtweite war ein Kloster. Im Erdgeschoss direkt unter mir war die Dorfschenke. Für nur 29 Euro inklusive Frühstück war ich hier untergekommen. Alles war recht einfach, aber mit einem rustikalen Charme.

Als ich frisch geduscht das Wirtshaus betrat, bestimmte eine illustre Altherrenrunde das Geschehen. Die Wirtsfrau brachte regelmäßig Biernachschub, die Männer spielten konzentriert Karten. Hier kam man nicht auf die Idee, etwas anderes zu bestellen als Bier. Dazu wollte ich was Deftiges zum Abendessen. Während die Männerrunde recht laut agierte, war ich ein stiller Beobachter des Geschehens. Dabei überlegte ich, wie es wäre, hier zu leben.

Noch bevor ich den ersten Schluck nahm, bemerkte ich, dass eine Fliege in mein Bier gestürzt war. Da sie sich noch auf dem Schaum lag, wollte ich sie schnell herausfischen. Doch jetzt war sie doch schon in das Bier eingesunken. Mit einer Gabel wäre es ein leichtes gewesen, sie herauszufischen, aber das Besteck lag noch nicht da.

Ich wollte nicht der empfindliche Großstädter sein, der sich an einer kleinen Fliege stört, also fischte ich mit dem Finger im schmalen Krug. Irgendwie bekam ich das regungslose Tier nicht zu fassen. Ich wollte auch nicht mit der Hand im Bierkrug stecken bleiben. Während eines prüfenden Blickes in meinen Krug, ich setzte gerade zum nächsten Versuch an, machte einer der Herren auf dem Weg zur Toilette bei mir halt und fragte, ob alles in Ordnung sei. Die Geschichte mit der Fliege verschwieg ich lieber. Alles war OK bei mir. Und er schob die Frage nach, woher ich kommen würde. Als reiner „Preuße“, wie man die Berliner hier nennt, wollte ich mich nicht outen, sodass ich berichtete, in Sachsen aufgewachsen zu sein und nun in Berlin zu leben.

Noch bevor ich mich versah, war ich in ein Stammtischgespräch über das hiesige kirchliche Leben verwickelt. Einer der Männer aus der Kartenrunde stellte fest, dass nur noch Priester aus dem Ausland kommen würden, meist aus ärmeren Ländern mit starker katholischer Prägung. Ich wollte hier nicht Teil einer politischen Diskussion werden. Aber ich musste mich äußern. Die Themen Frauenrechte und Homosexualität sprach ich erst gar nicht an, aber das Zölibat als Pflicht und Voraussetzung, um als Priester zu arbeiten, zerpflückte ich wortgewandt. Ein etwa Sechzigjähriger hielt mir die Wichtigkeit von Traditionen entgegen. Ich ihm die Realität und die Notwendigkeit von Veränderungen. Die über Achtzigjährigen schienen hier die Fortschrittlichen im Dorf zu sein, die mir prompt zustimmten.

Die Fliege war noch nicht vergessen. Da nun aber alle Blicke auf mich gerichtet waren, konnte ich nicht weiter im Bierkrug fischen. Und jetzt wollten die Herren auch noch mit mir anstoßen. Meine Schlucke waren eher zögerlich, stets mit offenen Augen beim Trinken, um ja nicht die Fliege zu verschlucken.

Endlich kam mein Essen und das Besteck dazu. Der Bierkrug war so gut wie leer. Die letzte Pfütze darin ließ ich einfach übrig und widmete mich meinem Braten.

Übrigens, ich kam zu dem Entschluss, hier nicht leben zu wollen – trotz des leckeren Essens. Dazu war ich doch zu sehr Großstädter und „Preuße“.

Prunkvolle Orte und saftige Früchte

Das Grünflächenamt hatte die Brombeersträucher derart rabiat zurückgeschnitten, dass ich mit Händen in die Seite gestemmt empört davorstand: „Kein einzige Brombeere kann ich hier pflücken, was für ein Frevel.“ „Macht dir keine Gedanken, ich kauf dir im nächsten Supermarkt ein Schälchen Brombeeren.“ Seyran hatte aber auch gar nichts verstanden. Natürlich konnte ich mir im Supermarkt auch selbst Obst kaufen. Aber es ging nicht um den inflationären Konsum von etwas Gekauftem. Ich wollte die Beeren selbst pflücken. Mit blau eingefärbten Händen am Strauch stehen. Beim Greifen nach der nächsten reifen Frucht vielleicht an einem Dorn hängen bleiben. Die ein oder andere Beere vom Staub befreien. Und im Sonnenschein im Hier und Jetzt die saftigen Früchte genießen. Kein Supermarkt könnte dieses Erlebnis ersetzen. „Aha“, meine Euphorie mochte nicht zu ihr überschwappen.

Etwa zwei Wochen nach dieser Situation stieß Seyrans kleine Schwester Serpil an der Grenze zwischen Bayern und Baden-Württemberg zu uns. Also ihre jüngere Schwester, aber klein ist sie auch. Wir witzelten: „Pass auf, Serpil, nicht dass dich ein großer Vogel packt und als Beute mitnimmt.“ Als wir durch einen mit Brennnesseln zugewachsenen Weg laufen mussten, war Serpil komplett im Dickicht der nesselnden Gewächse verschwunden. Sie kicherte dabei unentwegt. Es war ihr erster Pilgertag und sie meinte: „Das ist ja hier wie im Urwald ... herrlich.“

Noch größere Begeisterung lösten Apfelplantagen aus. Serpil stellte sich unter einen Baum und schaute sich die Äpfel ganz genau an. Dann sagte sie „Der bitte“ und eine von uns größeren Personen musste ihn für sie pflücken. Sie suchte für jeden von uns den passenden Apfel aus. Seyran fühlte sich an mich und die Brombeersträucher erinnert. Ihre Schwester, die ansonsten sehr unkompliziert war, zelebrierte das Ganze in einer noch gesteigerten Form.

Der Herbst zeigte sich von seiner schönsten Seite. Reife Ernten, eine angenehm wärmende Sonne und malerische Dörfer säumten unseren Weg.

Hatte ich bisher viele Unterkünfte über Wochen vorgebucht, entschied ich mich nun von Tag zu Tag. Das Kloster Neresheim sollte meine nächste nächtliche Unterkunft sein. Als ich auf das Klostergelände lief, meinte einer der LKA-Beamten, die Seyran beschützten: „Das wird dir hier gefallen." Ich konnte es in der Tat nicht fassen, dass ich in Deutschland an einem solch herrlichen Ort eine Unterkunft für relativ schmalen Taler bekommen hatte, mit Halbpension. Als Gast bekam ich zudem einen Schlüssel für den Klosterkeller, der pandemiebedingt nur Übernachtungsgästen auf Selbstbedienungsbasis zur Verfügung stand. Selbstbedienung im Klosterkeller? Das war noch zehnmal schöner als Brombeersträucher und Apfelbäume zusammen! In dieser Nacht wollte ich es krachen lassen.

Doch meist kommt es anders als man denkt. Zunächst erkundete ich das Gelände und bewunderte die Kirche, die für mich im Innenraum kitschig und doch wunderschön anmutete.

Der Kunsthistoriker Georg Dehio rühmte die Abteikirche zu Neresheim vor etwa 100 Jahren als einen Bau „erschütternd großartig". Er meinte: „Die Barockarchitektur, nicht nur Deutschlands, sondern Europas, hat weniges, was sich mit ihr messen kann."

Nach einer langen warmen Dusche ging ich zunächst essen und ganz zum Schluss: der Klosterkeller. Und nun? Ich war so satt. Ich war so kaputt. Ich war so müde. Ich schaffte nur noch eine Beerenschorle, die mich anlachte.

Am nächsten Morgen wachte ich für meine Verhältnisse viel zu spät auf. Ich eilte zum Frühstück. Während am Vorabend alle so nett hier waren, wurden offenbar alle schroffen Menschen in der Morgenschicht eingesetzt. Egal, so vermochte ich mich von diesem traumhaft schönen Ort wenigstens loszureißen.

Kurz nachdem ich das Klostergelände verlassen hatte, läuteten die Glocken. Als ich mich umdrehte, sah ich wie das Kloster auf dem Hügel über den Dörfern des Umlandes thronte. Auch eine Stunde später konnte ich das Kloster und seinen Kirchturm noch sehen. Mitten im Dreißigjährigen Krieg ließ der Abt den weithin aufragenden Turm bauen, in einer Zeit des Plünderns, Vergewaltigens, Mordens. Am Ende des Krieges hatte das Kloster nur noch eine Handvoll Mönche. War es für die Überlebenden des Kriegs ein Zeichen der Hoffnung oder erinnerte es sie weithin an die Abgaben, die dem Kloster zu leisten waren? Auch wenn ich sehr gern an diesem Ort verweilt und übernachtet hatte, so fühlte es sich nun befreiend an, das Kloster hinter mir zu lassen. Ich kam mir vor wie ein Einheimischer, der versucht, der Heimat mit all ihren Zwängen zu entkommen. Wie eine Rakete, die das Gravitationsfeld der Erde überwinden will. Nicht weil es schlecht ist auf der Erde. Aber in dem Wissen, dass es eine enorme Kraftanstrengung bedeutet, sich diesen Gravitationskräften zu entziehen.

Kurz vor Ulm stieß Anja wieder zu uns. Wir genossen die letzten wärmenden Sonnenstrahlen des Jahres bevor uns ein trister, nicht enden wollender Winter bevorstehen sollte. Auch der Wind blies inzwischen schon etwas kräftiger.

Die letzte Nacht vor Ulm schlief ich an einem nicht minder besonderen Ort, und zwar im Geburtshaus von Robert Bosch. Es folgten Ulm und später Oberdischingen, wo eine letzte Lesung unsere gemeinsame Reise durch Deutschland abrunden sollte. Es waren so viele Menschen gekommen, dass eine ganze Turnhalle bis auf den letzten Platz gefüllt war. Aufgrund der pandemiebedingten Abstände keine Sensation, trotzdem erfüllte es mich mit Stolz.

Bevor wir zur Lesung gingen, wollte ich zumindest meine schlammigen Schuhe reinigen. Und während ich das vor der dortigen Pilgerherberge, der schönsten Unterkunft auf dem ganzen Weg, tat, kam eine Frau auf mich zugelaufen, die mir bekannt schien. Ich hatte hier niemanden erwartet, den ich kenne, daher musste ich meine Gedanken sortieren. Es war meine liebe Pilgerfreundin Simone, mit der und weiteren Personen ich später nach der Lesung – wie es sich für Pilger gehört – noch mehrere Flaschen Rotwein leerte.

Das Cursillo-Haus St. Jakobus ist seit dem Jahr 1794 ein Kraftort. Neben der Wallfahrtskirche „Zur Heiligsten Dreifaltigkeit" errichtet, war es zunächst ein Franziskanerkloster und Mietshaus. Heute ist es geistliche Bildungsstätte und Pilgerherberge am Oberschwäbischen Jakobusweg in Trägerschaft der *Schwäbischen Jakobusgesellschaft*. „Cursillo" bedeutet „kleiner Glaubenskurs", der als grundlegende Glaubenserfahrung und Vorbereitung für die Lebenspilgerschaft entwickelt wurde. Das Cursillo-Haus St. Jakobus erdet die Menschen als spiritueller Ort und ist vermutlich eine der traditionsreichsten Pilgerherbergen Deutschlands.

Anja und ich pilgerten am nächsten Tag noch bis Biberach. Es regnete. Es stürmte. Es war kalt. Ein schöner Pilgertag, um vom Weg Abschied zu nehmen, aber auch ein schöner Pilgertag, um in Zukunft hier weiterzumachen.

„Schade, dass wir es nicht bis zum Bodensee geschafft haben. Hätten wir mal Brandenburg übersprungen", huschte mir über die Lippen. Aber es war schon alles genau richtig. Und die Vorfreude sollte später umso größer sein.

Wir waren gestresst in unsere fünfwöchige Pilgerreise gestartet. Mein Iliosakralgelenk, das ich zuvor nicht kannte, schmerzte. Emotional mussten wir erst unser Gleichgewicht finden. Aber der Weg nahm uns auf, wenn auch keine weiteren – fremden - Wegbegleiter. Es war ein goldener Herbst, und nur am letzten Pilgertag peitschte uns der Wind den kalten Regen um die Ohren. Nun galt es in die kalte Jahreszeit zu gleiten, ein in jeglicher Hinsicht ungeahnt und unangenehm langer Corona-Winter. Anja hatte uns für unsere verhornten Füße eine Wellnessanwendung aus der Drogerie geschenkt. Ich benutzte die Behandlungsschuhe gleich am zweiten Abend in Berlin. Es prickelte leicht und angenehm an den Füßen, aber ich wollte auch nicht übertreiben und hielt mich an den Beipackzettel. Ich cremte meine Füße danach liebevoll ein, und damit die Bettwäsche nicht vollgesaut wurde, zog ich Socken an und ging so schlafen.

Am nächsten Morgen wachte ich schmerzerfüllt auf. Das Bündchen der Socken hatte sich in die behandelte und empfindliche Haut so stark eingedrückt, dass ich wunde Stellen um die Fußgelenke bekommen hatte. Und die Füße fingen an zu schmerzen, als ob mir jemand Säure über die Füße gegossen hätte. 950 Kilometer, ein schwerer Rucksack, manchmal auch zu lange Tagesetappen – all das konnte mich nicht umhauen, aber Anjas Wellnessschuhe aus der Drogerie gaben mir den Rest.

3— Allein an der Mosel

Der Traum von der Auszeit

Ich träumte davon, mindestens einmal im Leben vor der eigenen Haustür in Berlin zu starten und etwa 3.000 Kilometer am Stück nach Santiago de Compostela zu laufen. Und weiter bis ans Ende der Welt. Auch wenn befreundete Pilger, die das bereits getan hatten, meinten, dass man inklusive Pausen dafür vier Monate bräuchte, sollten mir drei Monate genügen. Ich wollte nicht irgendwo lange verweilen, sondern vorankommen. Die Gedanken an den bisherigen Alltag vergessen. Alles hinter mir lassen und vielleicht zu lebensverändernden Erkenntnissen kommen. Ganz verwegen plante ich einen Start im Winter und eine Ankunft im herzerfrischenden Frühling.

Aber im Januar 2021 kam es anders. Ja, jetzt hatte ich Zeit. Aber es war der schlimmste Corona-Winter, den man sich vorstellen konnte. Touristische Übernachtungsverbote nicht nur in Spanien, sondern auch in Frankreich und Deutschland. Die 7-Tage-Inzidenzen, noch so ein Unwort, das sich in unseren täglichen Wortschatz eingeschlichen hatte, schossen durch die Decke. Das Gesundheitssystem stand kurz vor dem Kollaps. Und laut gesetzlichen Bestimmungen war es mir sogar untersagt, die Berliner Stadtgrenze zu überschreiten. Nicht mal ein Besuch bei meinen Eltern in Sachsen oder bei einem Freund in den bayerischen Voralpen galt als legal. Also blieb mir nichts anderes übrig, als Tagestouren durch Berlin zu unternehmen.

Schneeregen und Kälte ließen meine Tagestouren nicht all zu groß ausfallen. Meine mehrmonatige Auszeit hatte ich mir wirklich anders vorgestellt. Ich fragte mich, wann sich mir so eine Chance wieder bieten würde.

Mein Highlight auf einer der Tagestouren war ein illegaler Toilettenbesuch in einer Bäckerei. Klingt komisch, aber das war damals so. Viele öffentliche Toilettenanlagen auf meinen Wegen waren pandemiebedingt oder aus anderen technischen Gründen geschlossen. Da ich mich nun aber in der Stadt befand und gefühlt jeder zweite Berliner das Spazierengehen für sich entdeckt hatte, konnte ich aufgrund der fehlenden Belaubung nicht unbemerkt hinter einem Busch verschwinden. Restaurants mussten geschlossen bleiben, und Bäckereien durften nur zum Zwecke des Verkaufs, aber nicht zum Zwecke der Vorort-Bewirtung öffnen. Folglich waren alle Sitzmöglichkeiten mit rot-weißen Flatterbändern abgesperrt. Es sah aus wie in Filmen, in denen der Tatort aus Gründen der Spurensicherung abgesperrt werden muss. Aber ich wollte doch nur aufs Klo! Ich musste taktisch vorgehen. Konnte also nicht in irgendeine Bäckerei stürmen und darum bitten, den Toilettenschlüssel zu bekommen. Berlin-Friedrichshain, eine große Bäckerei mit Café-Betrieb: Das Flatterband konnte ich schon von draußen durch die Fenster sehen. Ich schritt zum Verkaufstresen, grüßte freundlich und bestellte gleich mehrere Dinge, auch wenn es eine Laugenbretzel getan hätte. Nachdem ich gezahlt hatte, fragte ich der Verkäuferin, ob es hier eine Toilette gäbe. Natürlich gab es die, aber sie war aufgrund der gesetzlichen Bestimmung geschlossen. Folglich runzelte die Verkäuferin verständnisvoll die Stirn. Und innerhalb des Bruchteils einer Sekunde schob sie hinterher: „Aber Sie müssen sehr dringend, oder?" Ich antwortete ebenso blitzschnell und flüsternd mit „Ja". Mit einer halbkreisenden Bewegung des Kopfes wies sie auf die Toilettentür und verriet mir den vierstelligen Tür-Pin. Ganz heimlich schlich in den hinteren Bereich des mit Flatterband abgesperrten Cafébetriebes. Meine vom Schnee nassen Sohlen quietschten laut auf dem glatten Fliesenboden. Noch nie im Leben hatte ich so bewusst gegen ein Gesetz verstoßen. Ohne schlechtes Gewissen. Aber sehr erleichtert. Und dankbar für ein kleines Abenteuer in Zeiten, in denen Abenteuer nicht erwünscht waren, weil man auf der ganzen Welt andere Sorgen hatte.

Abends kam ich nicht in einer mir bis dato unbekannten Pilgerherberge an, in der ein eigenes Bett schon als Luxus galt. Nein, ich hatte eine Dreizimmer-Wohnung in einer lebendigen Seitenstraße in der Berliner Innenstadt für mich allein. Freunde beneideten mich regelmäßig um diese Wohnung, für die ich trotz Toplage auch nur wenig Miete berappen musste. Aber ich fühlte mich hier nicht mehr wohl. Die Nachbarn über mir trampelten mir bereits seit Jahren rücksichtslos auf den Nerven herum. Auf den permanenten Streit mit ihnen hatte ich keine Lust mehr. Ich wollte einfach nur noch weg.

Wie war das nochmal mit der Auszeit? Ich konnte doch nicht monatelang Tagesausflüge innerhalb von Berlin machen. Mir fiel die Decke bereits nach wenigen

Wochen auf den Kopf. Und ausgerechnet dieses Jahr meinte es der Winter auch noch ernst. Daher konzentrierte ich mich auf die Jobsuche, und es wurde tatsächlich mein Wunschjob als politischer Referent beim Berliner Stromnetzbetreiber. Sauber. Jetzt noch eine neue Wohnung und statt Neuorientierung durch Auszeit kurzerhand die Auszeit überspringen.

Die Berliner Wohnungssuche gestaltete sich jedoch erheblich schwieriger als die Jobsuche. Und meine Mietvorstellungen und Sonderwünsche wollten nicht so ganz zusammenpassen. Während ich meine Mietvorstellungen täglich nach oben korrigieren musste, wollte ich bei anderen Punkten keine Kompromisse machen. Es sollte unbedingt eine Dachgeschosswohnung sein, allen Bedenken von Freunden und Familie zu sommerlicher Hitze zum Trotz. Auch wollte ich nicht irgendwo wohnen, sondern mich in der Umgebung zu Hause fühlen.

Raus aus Berlin? Warum nicht, Hauptsache mit Bahnanbindung und nicht weiter als 15 Kilometer entfernt – aufgrund des zukünftigen Arbeitsweges, aber auch aufgrund der derzeit noch strengen Corona-Auflagen. Königs Wusterhausen galt als aufstrebendes Städtchen im Berliner Speckgürtel. Auf dem Funkerberg thronte ein altes Funkgebäude in neuem Chic. Im Keller des Wohnhauses gab es sogar einen hauseigenen Kinosaal. Fußläufig war ein großes Einkaufszentrum, das alle Arten von Geschäften beherbergte. Dass ich dafür eine vielbefahrene Autobahn über eine Fußgängerbrücke überqueren musste, störte mich nicht, ich fand es sogar irgendwie aufregend. Charmant hatte ich alle Mitbewerber ausgestochen und den Mietvertrag unterschrieben. Meine bisherige Wohnung hatte ich kurzerhand auch gekündigt, die Nachmieterin wurde vom bisherigen Vermieter ebenso schnell akzeptiert.

In meinem Berliner Freundeskreis war man von meiner Wohnungsentscheidung überhaupt nicht begeistert. Meine Eltern unterstützten mich wie immer. Es war vielleicht keine große Auszeit auf dem Jakobsweg. Aber nach über 19 Jahren würde ich Berlin – zumindest wohntechnisch – den Rücken kehren.

Doch manchmal kommt es einfach anders. Von heute auf morgen empfand ich meine Entscheidung als Schnapsidee. Ich wollte nicht nach KW, wie Königs Wusterhausen liebevoll genannt wurde. Was sollte ich da? Auf einem Hügel nahe der Autobahn vereinsamen? Zu einem noch merkwürdigeren Eigenbrötler werden? Niemals, oder höchstens einmal, würden mich meine Berliner Freunde hier besuchen. Ich glaubte auch nicht so recht daran, dass ich hier geeigneten Anschluss finden würde. Was hatte ich nur getan?!

Das Büro des Vermieters war nicht in KW, sondern in Potsdam. Die Klausel im Mietvertrag war jedoch eindeutig: Für mindestens zwei Jahre war das nun meine Wohnung. Meine Eltern standen mir auf ihre Art und Weise immer noch bei. „Ach, du wirst dich schon einleben, und schneller, als du denkst, gehen die zwei Jahre vorüber." Aber ich wollte keine zwei Jahre meines Lebens in KW verbringen.

Mit Müh' und Not kam ich aus dem Mietvertrag wieder raus. Doch nun drohte mir die Wohnungslosigkeit, da ich meine günstige Wohnung, um die mich viele immer beneidet hatten, gekündigt hatte. Die Wohnungssuche wurde nun zu einem echten Stressfaktor. Einerseits biederte ich mich allen Vermietern und Maklern, die meinen Weg kreuzten, an. Andererseits saß ich, was Wohnung und Wohngegend betraf, immer noch auf einem hohen Ross. Und siehe da: Ich bekam den Zuschlag für meine Traumwohnung in meinem liebsten Stadtteil von Berlin, dem gemütlichen Dahlem. Da die so genannte Berliner Mietpreisbremse aber kurz darauf für rechtswidrig erklärt wurde, stieg die Monatsmiete für die ohnehin nicht günstige Wohnung um weitere 300 Euro sprunghaft an. Das tat ganz schön weh, und ich scherzte regelmäßig darüber, dass ich für diese Wohnung eine Niere verkaufen musste. Aber was tut man nicht alles für ein Zuhause, in dem man sich wohlfühlen kann.

Pilgern bei Hochwasser

Sowohl im neuen Job als auch in der neuen Wohnung war ich nun angekommen. Der lange Corona-Winter fand endlich sein Ende. Es wurde wärmer, die Inzidenzen und gesetzlichen Restriktionen fielen. Das Leben war wieder viel lebenswerter.

Ich wollte nun endlich wieder pilgern. Da man auf spanischen Jakobswegen coronabedingt nicht mehr so spontan unterwegs war und Unterkünfte vorher besser reserviert werden sollten, dachte ich mir, dass ich noch einmal in Deutschland pilgern könnte. Vom Mosel-Camino hatten mir schon viele Pilgerfreunde vorgeschwärmt.

Und da kurz vor meinem Urlaub meine liebe Tante Christel verstorben war, empfand ich das Moseltal als passend – denn es war eine von ihren liebsten Urlaubsregionen.

Seit dem Jahr 2008 ist der Mosel-Camino als Teil des Jakobsweg-Netzes zwischen Koblenz-Stolzenfels am Rhein bis zur Benediktinerabtei St. Matthias Trier auf einer landschaftlich abwechslungsreichen Strecke durchgehend markiert. Bereits die alten Römer haben ihre Straßen oberhalb der Flussniederungen angelegt, um diese bei Hochwasser nutzen zu können. Auch der Jakobsweg verläuft entlang dieser Wege und wechselt regelmäßig zwischen der Hunsrück- und der Eifelseite der Mosel. Einige wenige Streckenabschnitte führen direkt entlang der Mosel und sind bei Hochwasser nicht passierbar. Teile der Strecke können mit dem Schiff zurückgelegt werden. Jedoch ist die Schifffahrt das erste Verkehrsmittel, das bei Hochwasser eingestellt werden muss.

Ich war zuletzt als Kind hier gewesen und freute mich auf den lieblichen Fluss, der sich mäandernd durch das Tal schlängelt. Doch Karl-Heinz, ein Pilger von der Mosel, warnte mich via facebook: „Auf keinem anderen Camino wirst du so viele Höhenmeter bewältigen wie hier.“ Hinzu kamen meine Eltern, die vor einer nahenden Unwetterfront erzählten und mir dringend von meiner Reise abrieten.

Aber: Ich freute mich einfach nur auf den Weg. Bei Regen war ich schon oft genug gepilgert, das war kein Problem für mich. Und ein paar Steigungen mehr hatten mich auch noch nie verschreckt.

Es war Donnerstagmittag, ich war im Homeoffice. In zehn Minuten wollte ich meinen Laptop zuklappen. Schnell meinen Pilgerrucksack zu Ende packen. Und dann zum Zug flitzen. Fünf Minuten später: Ein Videoanruf von einem Kollegen. Ich war der Neuling, der keinem eine Bitte abschlug. Aber ich musste jetzt wirklich los. Der Grund meines Zeitdrucks verschaffte mir offenbar großen Respekt, denn „den Jakobsweg" geht man schließlich nicht jeden Tag. Er gilt als etwas Besonderes, und die Gründe, ihn zu gehen, auch. Dass der Jakobsweg inzwischen zu meinem Standard-Urlaub gehörte, konnte der Kollege ja nicht wissen, was vielleicht auch ganz gut war.

Bei strahlendem Sonnenschein kam ich am späten Donnerstagnachmittag mit dem Zug in Koblenz an. Von dem prognostizierten Unwetter keine Spur. Ich hatte sogar starke Kopfschmerzen, was bei mir als wetterfühligem Menschen der Fall ist, wenn es wärmer wird. Nachdem ich die touristischen Attraktionen im Schnelldurchlauf von nah oder fern gesehen hatte, zog ich mich in mein Zimmer am Stadtrand zurück, das direkt an der Bahntrasse lag. Die Personen- und Güterzüge lösten keine Begeisterungsstürme in mir aus, aber es war ja auch nur für eine Nacht.

Am nächsten Morgen kein Sonnenschein, sondern trübes Regenwetter. Der Rhein war über Nacht angestiegen, aber noch nicht über die Ufer getreten. Es war ein gemütlicher morgendlicher Pilgerspaziergang. Nur auf den letzten 500 Metern vor der Burg Stolzenfels war der Fluss über das Ufer geschwappt, und ich musste auf einen parallelen Weg ausweichen. Aber alles war entspannt und ruhig.

Ab der Burg war der Camino durchgehend gut ausgeschildert. Ein erster Pilger überholte mich. Sein kleiner Rucksack war so üppig gefüllt, dass viele Dinge draußen rumbaumelten. Wie er das bei Regen machen wollte, fragte ich mich, und ob er tatsächlich ein „richtiger" Pilger war, da er eine Jeans trug – für Wandern im Regen eine denkbar schlechte Bekleidung.

Eine halbe Stunde später, die erste Weggabelung. Ich konnte mich zwischen dem Linksrheinischen Jakobsweg und dem Mosel-Camino entscheiden. Natürlich wollte ich an die Mosel. Und Karl-Heinz hatte mit den Höhenmetern nur unwesentlich übertrieben. Es war wirklich eine bergige Strecke. Ich mochte es hier sehr. Der Ausblick von oben belohnte jede Mühe. Aber wo waren denn nur die vielen anderen Pilger, die es hier angeblich gab, auf dem „beliebtesten" deutschen Jakobsweg?

Meine Eltern konnte ich beruhigen, dass es ein bisschen tröpfelte, aber von Unwetter keine Spur war. Etwas mehr Regen war ab Mittag angekündigt, mehr auch nicht. Und tatsächlich regnete es mittags stark. Erschwert wurde meine Tour durch gesperrte Waldwege. Da keine Alternativstrecke ausgewiesen war, ignorierte ich die Absperrungen und musste hier und da über umgefallene Bäume klettern, die dort schon eine Weile lagen.

Man kam hier wirklich nicht schnell voran. Trotzdem gefiel es mir. Als ich den Pass überwunden und die Mosel erblickte, freute ich mich umso mehr, dass ich mich für diesen Weg entschieden hatte.

Eine alte Kirche, bei der es an mehreren Stellen durchs Dach tropfte, sollte mir für ein paar Minuten Unterschlupf bieten. Das Smartphone klingelte. Meine neue Vermieterin. Mein Einspruch gegen die zu hohe Miete sei unbegründet. Mist, aber nun war auch das geklärt.

Im Moseltal angekommen besorgte ich mir in einem Supermarkt etwas Proviant und ließ mir einen ersten Stempel in meinen Pilgerpass geben. Die Kassiererin war amüsiert. Darum hatte sie hier noch nie jemand gebeten.

Ich musste noch bis Hatzenport. Für mich klang das wie „Katzensport“. Aber den blöden Wortwitz sprach ich nicht laut aus. Ich hatte ein Zimmerchen in einer Pension gebucht. Eine Pilgerherberge gab es hier im Umkreis noch nicht. Ich war der einzige Gast in der von einem türkischen Ehepaar betriebenen Pension. Mein Impfzertifikat war erst am Ende meiner Pilgerreise gültig, sodass ich einen Schnelltest machen wusste. Wie auch in den Folgetagen wurde ich dabei kontrolliert, dass ich den Test korrekt mache. Ungewohnt war das zum damaligen Zeitpunkt schon.

Corona hatte der touristischen Gegend ganz schön zugesetzt. Die gesprächige Pensionsbetreiberin berichtete mir von einem Pilger, der kürzlich bei ihr untergekommen war und nicht vorgebucht hatte. Daher hatte er am Folgetag ein Hotel nehmen müssen, das 150 Euro die Nacht kostete. Erleichtert berichtete ich, dass ich alle Unterkünfte vorgebucht hatte und das zu etwa 50 Euro pro Nacht. Für eine Pilgerreise nicht wenig, aber ich war schließlich auch nur etwas mehr als eine Woche unterwegs.

„Können Sie schwimmen?“, fragte mich die Gastwirtin, als sie mir das türkische Abendessen mit viel Knoblauch im hauseigenen Restaurant servierte. Zwar lag die Pension direkt am Wasser, aber die Frage empfand ich schon als wunderlich.

Die ganze Nacht heulten die Sirenen. Das war auch nicht viel besser als die Güterzüge in der Nacht zuvor. Frühstück sollte es erst 9 Uhr geben. Ab 6.30 Uhr lag ich unruhig im Bett. Eigentlich wollte ich los und hier nicht den Vormittag vertrödeln. Um 9 Uhr strahlte die Sonne auf den Balkon, wo das Frühstück serviert wurde. „Herrlich“, meinte ich. „Ihnen ist aber schon aufgefallen, was heute Nacht passiert ist, oder?“ War es nicht. „Schauen sie mal Richtung Mosel. Die Insel, auf der der Campingplatz steht, musste heute Nacht evakuiert werden.“ Uiiii, tatsächlich, das Wasser war an mehreren Stellen über die Ufer der Campinginsel getreten. Die Mosel hatte sich in eine braune Brühe verwandelt, die viel Unrat mit sich führte.

Nach 10 Uhr brach ich endlich auf. Für mich als Pilger extrem spät. Drei Stunden eher wäre mir lieber gewesen. Aber dafür war ich gut gestärkt. Bereits nach 300 Metern die erste Stempelstelle. Man sollte klingeln, wenn man einen Stempel haben wollte. Ach nö, dafür hatte ich jetzt keine Zeit. Ich wollte endlich laufen und nicht quatschen. Ich war fast vorbei an dem Grundstück, da tönte die Stimme einer älteren Dame über den Zaun: „Wollen Sie keinen Stempel?" „Doch, doch, ich wollte nur nicht stören." Widerstand war zwecklos. „Haben Sie auch schon einen Schluck vom Pilgerlikör genommen?" Natürlich hatte ich die kostenfreie Selbstbedienung gesehen. Es war zwar schon spät am Vormittag, aber für Likör doch etwas zu früh. Aber auch hier galt: Widerstand ist zwecklos. Bereichert um einen Stempel und ein paar Umdrehungen mehr konnte ich nun endlich starten.

Vom Moselhöhenweg schaute ich immer wieder auf das Geschehen im Tal. An mehreren Stellen war die Mosel über die Ufer getreten. Es war keine dramatische Situation. Aber der Schiffsverkehr war schon eingestellt worden. Der Autoverkehr rollte noch.

Einige Stunden später näherte ich mich der touristisch beliebten Burg Eltz. Der Besucherparkplatz war gut gefüllt. Umringt von zahlreichen Urlaubern näherte ich mich der Burg. Die Touristen reihten sich in eine lange Schlange für den Burgbesuch. Ich zog daran vorbei, weiter bergab ins Tal, wo mein Weg in den nächsten Stunden entlang eines kleinen Baches durch den Wald führen sollte. Pustekuchen. Das liebliche Tal hatte sich über Nacht mit Wasser gefüllt und war ein einziger reißender Fluss. Das Wasser stand nicht nur hoch, die Strömung schien sogar lebensgefährlich zu sein. Und jetzt? Alle Alternativwege waren geflutet. Hier ging es definitiv nicht weiter.

Eine Stunde später auf einer Landstraße, mehrere Radfahrer und ich berieten uns. Nirgendwo ging es weiter. Egal in welche Richtung talabwärts: Wasser, zu viel Wasser. Und ich musste noch an diesem Tag auf die andere Uferseite. Ich rief vorsorglich im Kloster Maria

Engelport an, wo ich ein Pilgerzimmer gebucht hatte, und teilte mit, dass ich mich hochwasserbedingt verspäten würde. Ein entspannter Pater vermittelte mir, dass das kein Problem sei.

Wieder eine Gruppe von Radfahrern, die einen Herrn vom Technischen Hilfswerk umringten. Ich plapperte aufgeregt einfach dazwischen und wollte wissen, wie ich nach Treis-Karden kommen könnte. Zu Fuß war das heute unmöglich. Aber der Zug fuhr noch, häufig die letzte Verkehrsmöglichkeit bei Hochwasser, wie ich in diesen Tagen lernte – weil die Zugtrasse durchgängig sehr hoch liegt. Währenddessen hatte auch noch mein HNO-Arzt auf meine Mailbox gesprochen, ich solle doch bitte dringend zurückrufen. Bereits seit Wochen plagten mich Halsschmerzen. Und nun war das Laborergebnis da. Ich hatte mir irgendwelche Bakterien eingefangen, gegen die ich nun Antibiotika nehmen musste. Ich ließ mir ein Rezept in eine Apotheke in Trier schicken, wo ich in ein paar Tagen sein würde. Ein Problem nach dem anderen. Jetzt musste ich erst mal die Mosel überqueren. Die Brücken waren zum Glück passierbar.

Im Kloster konnte ich zur Ruhe kommen, da es weder guten Telefon- noch Internetempfang gab. Ich war im Pilgertrakt untergekommen. Jeder hatte sein eigenes Zimmer, allein schon wegen der Pandemie. Das Badezimmer musste ich mir mit einem anderen Pilger teilen, dem ich aber nie begegnete. Das Abendessen wurde zusammen mit Priestern und den Teilnehmern eines Glaubensseminars eingenommen. Wo die Nonnen nun waren, die die Pilgerunterkunft verwalteten, verstand ich nicht. Aber so viel wollte ich auch gar nicht wissen. Eine aufgeregte Frau aus dem

Glaubensseminar entschuldigte sich lautstark bei dem Priester für ein Missgeschick, das ihr passiert war. Aufmerksam wurde ich gebeten, doch näher Platz zu nehmen, um mich am Gespräch zu beteiligen. Das wollte ich aber nicht und schob Corona und den Sicherheitsabstand vor. Das war mir hier alles zu fromm.

Das Schöne am Klosterleben war, dass es Frühstück schon ab zirka 7.30 Uhr gab. Ich hatte den Frühstückssaal fast für mich allein, da parallel die Morgenmesse stattfand. Noch bevor alle anderen zum Frühstück kamen, war ich schon über alle Berge, im wahrsten Sinne des Wortes. Erst auf der Spitze des Berges oder Passes, wie auch immer man hier sagte, hatte ich wieder normalen Handyempfang. Über 7.000 Menschen hatten mein Video vom überfluteten Weg bei der Burg Eltz angesehen und fürsorglich um mein Wohlbefinden gefragt. Auch wenn ich hier auf dem Weg – entgegen meinen Erwartungen – keine anderen Pilger traf, so waren viele andere Pilgerbegeisterte mit mir in Gedanken unterwegs. Ich genoss diese Art von Gesellschaft und versicherte allen, dass es mir gut geht, ein Abbruch meiner Pilgerreise nicht in Frage kommt und inzwischen die Sonne durchgehend scheint.

(A)soziale Medien

In den diversen Pilgergruppen auf facebook berichtete ich jetzt täglich von meinen Erfahrungen. Hier auf dem Weg war ja sonst keiner, den ich an meiner Freude teilhaben lassen konnte. Und auch wenn mal wieder alles anders kam als geplant, spannend war diese Reise. Jedes Mal, wenn ich von dem Höhenweg zurück ins Moseltal kam, fragte ich mich, ob es Probleme geben würde. Meist war es ein ähnliches Bild. Die Bewohner gingen ihrem üblichen Alltag nach und zeigten sich vom Hochwasser wenig beeindruckt. Ein paar wenige Touristen saßen in Restaurants auf den hochwassergeschützten Terrassen. Und rüstige Rentnerinnen beaufsichtigten ihre Enkelkinder, die mit Gummistiefeln in den ungefährlichen Ausläufern des Hochwassers spielten. Die größte Aufregung verbreitete ich mit meinen nervösen Fragen, die gelassen beantwortet wurden.

In den Medien wurde vom Ahrtal berichtet, wo die Situation viel dramatischer war. Ich verfolgte die medialen Berichte nicht weiter und konzentrierte mich – so wie es sein soll – auf meinen Weg. Doch mein nächster Social-Media-Post, dieses Mal ein Foto und kein Video, stieß ebenso auf die Beachtung von tausenden Menschen. Dieses Mal nicht von Interesse und Fürsorge geprägt, sondern von einem Shitstorm gegen mich. In einer facebook-Gruppe fielen einige über mich her, Menschen, die ich bis dato nicht kannte beziehungsweise zuvor nie wahrgenommen hatte. Ich würde mich über Hochwassertote lustig machen, war der schwerwiegendste Vorwurf. Zudem wurde mir vorgeworfen, ich sei ein Hochwassertourist.

Ich hatte mein Pensionszimmer in Bullay bezogen. Alle Restaurants im Ort waren überflutet, daher blieb mir nur, das Abendessen im Döner- und Pizzaladen einzunehmen. Guten Moselwein, den ich nun endlich genießen wollte, gab es hier nicht.

Mit einem der Ladenbesitzer direkt am Wasser kam ich anschließend ins Gespräch. Er berichtete mir, dass das Hochwasser um etwa zehn Zentimeter pro Stunde zurückgehen würde und er sofort den Schlamm mit seinem Gartenschlauch beseitigen müsse, bevor die Masse hart wie Beton werden würde. Trotz all dem Ärger und den Sachschäden war er nicht niedergeschlagen, sondern nahm die Situation mit einem Schmunzeln zur Kenntnis. Das Gleiche beobachtete ich in diversen Höfen und Vorgärten. Die Pumpen liefen. Am Fuße des Hochwassers waren Campingstühle aufgestellt und in geselliger Runde meisterte man die Situation.

Bei der Pensionsinhaberin konnte ich schließlich eine Flasche Wein erwerben. Mit dieser, der Flasche Wein, verbrachte ich den Abend auf meinem Bett. Erst jetzt entdeckte ich den Shitstorm auf facebook, der mich wiederum sehr empörte. Natürlich hätte ich ihn ignorieren können oder mein Foto löschen. Aber ich hatte keine Lust, dass sich solche „Doofies“ durchsetzen würden. Also tat ich das, was man eigentlich nicht tun sollte und insbesondere auch einem Pilger nicht gut zu Gesicht steht: Ich pöbelte zurück. Mein Smartphone vibrierte, es war Anja. „Was tust du da, bring die Leute nicht noch weiter gegen dich auf." Aber ich hörte nicht auf meine Freundin. Irgendwann schlief ich, wohlig innerlich gewärmt vom Wein, dann ein.

Am nächsten Morgen bereute ich die Aktion dann doch und stellte mir die Frage: War das Foto vielleicht wirklich unsensibel? Wer könnte mir diese Frage besser beantworten als die Einheimischen? Da ich wieder der einzige Gast im Haus war, kam ich mit der Pensionsbetreiberin und ihrem Sohn schnell ins Gespräch. Sie fanden die Kritik Quatsch. Vielmehr regten sie sich darüber auf, dass die medial verbreitete Hysterie, die ein pauschales Bild von Katastrophengebieten vermittelte, ärgerlich war. Natürlich waren die Geschehnisse im Ahrtal eine Katastrophe. Und zugleich konnte von Katastrophe an der Mosel keine Rede sein. Nach Corona waren Touristen so wichtig in dieser Region. Als ich die Pension gebucht hatte, bekam ich gerade so das vorletzte Zimmer. Und jetzt: Ich war der einzige Gast. Viele hatten spontan storniert und wollten ihr Geld zurück.

Ich störte hier keinen bei der Hochwasserbekämpfung. Auch war meine laienhafte Hilfe nicht gewünscht. Ich sollte mich in meiner Rolle als Tourist oder Pilger bewegen, der etwas Geld hierlässt. Und das tat ich auch. Weitere Fotos vom Hochwasser postete ich vorsorglich nicht.

Nun ging es durch Zell. Der gesamte von Tourismus geprägte Ortskern stand tags zuvor etwa zwei Meter unter Wasser. Erst seit wenigen Stunden waren die Fußwege wieder ohne Gummistiefel passierbar, am Vortag sogar nur mit Boot. Und wieder standen die

Leute lächelnd mit ihren Gartenschläuchen vor ihren Häusern und Geschäften, reinigten Fensterscheiben und Fassaden, pumpten Keller aus und verschafften sich einen ersten Überblick von den Schäden.

Hier wurde nicht gejammert und gemeckert, hier wurde angepackt – damit es am nächsten Tag wieder normal weitergehend konnte. Mich faszinierte die Mentalität der Menschen, die gelernt hatten, mit dem Hochwasser zu leben und keine Zeit für Resignation verschwendeten.

Fremde Pilger

Auf die Pilgerherberge in Traben-Trarbach freute ich mich besonders. Endlich eine richtige Herberge, endlich auch Pilgerfeeling beim Übernachten. Der Hund, Herr Karlson, war weit über Traben-Trarbach bekannt. Und die Herberge in einer ehemaligen Lateinschule sollte ein ganz besonderer Ort sein.

„Du wirst schon erwartet", begrüßte mich eine junge Frau auf der Straße, die mir mit ihrer Tochter entgegenlief. „Du schläfst doch heute in der Pilgerherberge, oder? Isst du Spaghetti und Tomatensoße? Ja? Wir kaufen jetzt nämlich fürs Abendessen ein." Ich fühlte mich schnell zu Hause. In der Herberge wurde ich ebenso freundlich und zugleich etwas kritischer begrüßt: „Waren Sie das mit dem Hochwasserfoto?" Mein Disput auf facebook hatte sich bis hierher herumgesprochen und war mir nun auch sichtlich peinlich.

Die Herbergsmutter zeigte mir schnell die Räume und verabschiedete sich auch schon alsbald, weil sie

auf ein Konzert wollte. Ein Konzertbesuch hörte sich in diesen Zeiten als etwas ganz Besonderes an.

Da ich reichlich Kirschen besorgt hatte, sollte es auch zum Abendessen nicht am Nachtisch mangeln. Die junge Mutter und ihre Tochter waren auch Pilgerinnen und bereits seit zwei Wochen unterwegs. Zum einen, weil sie nur kurze Tagesetappen bewältigen konnten. Zum anderen ausgebremst durch das Hochwasser.

Es war ein wunderbarer Abend in herzlicher Pilgergesellschaft. Und zugleich war gewiss, dass es auf dem Weg kein Wiedersehen geben würde. Mutter und Tochter hatten meine Gesellschaft auch richtig genos-

sen. Und die Kleine wollte mich am nächsten Morgen am liebsten nicht gehen lassen.

Das Hochwasser ging zurück. Ich hatte meinen Rhythmus gefunden. Aber ich blieb allein. Umso herzerfrischender war die nächste Unterkunft in Klausen. Eine Pilgerherberge über dem Dorfladen. Da ich mich am Morgen sehr ungünstig verlaufen hatte, war ich trotz schnellem Schritt am Abend sehr spät dran. „Wann kommen Sie an?", so eine besorgte Mitarbeiterin aus dem Dorfladen am Telefon. „Wir wollen schließen." Es war mir unangenehm, dass sie auf mich warten musste. Direkt gegenüber dem Dorfladen war ein Restaurant. Aber ich hatte Lust auf eine „Solo-Pilger-Party".

„Solo-Pilger-Party" nannte ich es, wenn ich beim Pilgern in Spanien ein Einzelzimmer hatte und dieses nach Ankunft nicht mehr verlassen mochte. Ich deckte mich mit einer wilden Mischung von Lebensmitteln ein, meist sehr fett-, zucker- und alkoholhaltig und breitete alles auf dem Bett aus. Noch nie hatte ich beim Pilgern durch Deutschland eine entsprechende Party gemacht. Aber der Dorfladen war die perfekte Quelle meines Glücks.

„Geben Sie mir bitte drei Minuten", bettelte ich die freundliche Frau an, die bereits den Dorfladen geschlossen hatte. „Na klar, nehmen Sie sich Zeit!" Ich eilte schnellen Schrittes durch das Geschäft, griff Wurst, etwas Obst, Schokolade und zwei Radler direkt aus dem Kühlschrank. Meine Zimmerschlüssel verriet mir bereits den Namen meines Einzelzimmers „Santiago de Compostela". Mit Plakaten aus Kinofilmen, einem Doppelstockbett und einem eigenen Badezimmer war das die perfekte Unterkunft für meine

„Party“. Via Videochat ließ ich meine Pilgerfreunde Simone und David an dem Spektakel teilhaben. Die beiden kicherten vergnügt, während ich mir verschwitzt die zwei Radler reinkippte und zum Abschuss rülpsen musste. „Du Sau“, kommentierte David das Gelage.

Schon wieder kein Pilgerwein, aber das sollte sich bald ändern, schließlich wollte ich am nächsten Tag Karl-Heinz treffen, einen Winzer, der mit seinem Pilgerwein Geld sammelte, um Granitsteine für die Jakobsweg-Ausschilderung zu kaufen. Auf den Weinflaschen klebte die Karikatur, die das Cover meines ersten Buches *Pilgerwahnsinn* ziert. Ich hatte dem Projekt gern meine Zustimmung gegeben. Obwohl ich Karl-Heinz noch nie in meinem Leben getroffen hatte, sondern nur von facebook kannte. Aber ein gewisses Grundvertrauen schenken sich Pilger untereinander. Für das kommende Abenteuer mit Karl-Heinz war das auch dringend notwendig.

Auf dem Moped durch das alte Moseltal

Auf einer Anhöhe bei Klüsserath wollte Karl-Heinz auf mich warten. Bereits fünf Kilometer vorher, gegenüber einer Pilgerkapelle, kreuzten an diesem Morgen drei Pilger meinen Weg. Sie rasteten gerade. Und blickten erwartungsvoll in meine Richtung. Ich grüßte freundlich und war auch schon dabei an ihnen vorbeizulaufen, als ein Herr aus der Runde immer breiter grinste. Es war Karl-Heinz. Eine freudige Begrüßung folgte. Die Frohnatur berichtete mir ohne Punkt und Komma von seiner Pilgerbegleitausbildung, die seines Erachtens schon fast einer Priesterausbildung ähnelte. Er amüsierte sich sichtlich darüber und sah sich nun auch befähigt, Menschen zu vermählen.

Neben der Kapelle sollte der erste Granitstein errichtet werden. Auch vom ersten Pilgerstempel in Klüsserath, der geplant war, wusste er zu berichten. An deutscher Bürokratie und Bedenkenträgern mangelte es auch hier nicht.

Seine beiden Begleiter waren ein Bekannter und dessen erwachsene Tochter. Sie wollten nur eine Tagestour unternehmen und waren am Morgen in Klüsserath gestartet und liefen in die entgegengesetzte Richtung. Bevor sich unsere Wege trennten, wollte mir Frank, der Bekannte von Karl-Heinz, etwas auf seinem Smartphone zeigen. Ich traute meinen Augen nicht. Im Flur seiner Wohnung hatte er meine Pilgerkarikatur nachgezeichnet. Ich war sehr gerührt. Schnell lud ich noch meine schweren Sachen ins Auto von Karl-Heinz und zog mit leichtem Gepäck zu Fuß allein weiter.

Da ich in Klüsserath bei Karl-Heinz übernachtete, brachte er einen Teil meines Gepäcks schon dorthin, während ich noch zehn Kilometer weiter nach Schweich lief, wo er mich am Nachmittag mit dem Moped abholen sollte.

Noch nie war ich auf einem Moped mitgefahren, geschweige denn selbst am Steuer gesessen. Vor unserem Treffpunkt, der Kirche in Schweich, lief ein geistig verwirrter Mann auf und ab. Als Karl-Heinz mit dem

Moped ankam, wollte er schnell weiter, weil dieser Mann ihn nervös machte. Aber der Helm, den er mitgebracht hatte, passte nicht auf meinen Kopf. Karl-Heinz wollte ihn mir auf den Kopf schlagen, aber das lehnte ich ab, in der Befürchtung, das Ding nicht wieder abzukommen.

Mein Fahrer machte deutlich, dass wir ohne Helm nicht über die Bundesstraße fahren könnten. Um der Polizei zu entgehen, wollte er mit mir auf Schleichwegen durch den Wald düsen. Mein Rucksack, obwohl er nur leicht gefüllt war, drückte mich nach vorn, sodass Karl-Heinz nur gerade so Platz auf seinem Fahrzeug fand. Ich war mir nicht sicher, ob seine Fahrmethode so üblich war, aber er kam niemals zum Stehen. Immer in Bewegung. Und ich ohne Helm. Auch eine komische Art zu sterben, dachte ich mir. Ich umschlang seinen beleibten Körper mit meinen langen Armen und krallte meine Finger in seinen Bauch.

„Keine Ahnung, wo wir sind", meinte Karl-Heinz plötzlich, ohne Spur von Aufregung.

„Halt doch mal an, dann kann ich auf meinem Smartphone nachschauen", erwiderte ich. Aber davon hielt er nichts, da es in dem Tal seines Erachtens sowieso keinen Empfang gab. Lose Steine, die auf dem Untergrund lagen, flogen durch die Gegend. Wenn ich nicht bereits vom Pilgern schweißgebadet gewesen wäre, hätte die Mopedtour dafür gesorgt.

Um mich von diesem Fahrabenteuer etwas abzulenken, fragte ich Karl-Heinz etwas, das mir schon länger auf der Zunge lag und zwar, ob er sich als eine rheinländische Frohnatur bezeichnen würde. Das verbat er sich allerdings, da das hier das alte Moseltal war und bestimmt nicht der Rhein. Auch assoziierte er diese Bezeichnung mit dem Kölner Karneval.

Endlich kamen wir auf dem Hof von Karl-Heinz an. Seine Frau Sylvia empfing uns freudestrahlend. Zum Abendessen gab es köstlichen Wein vom eigenen Winzergut „Lentes und Söhne“. Ich fragte die beiden, ob sie zwei Söhne hätten. Sie hatten jedoch eine Tochter. Und Karl-Heinz war selbst einer der Söhne.

Sylvia, selbst Moped-Fahrerin, zollte mir übrigens Achtung im Hinblick auf die Moped-Tour mit ihrem Mann und merkte nur vielsagend an, dass ihre Tochter und sie es ablehnen würden, bei Karl-Heinz mitzufahren.

Am nächsten Morgen, darum kam ich nun nicht herum, wurde ich mit dem Moped wieder nach Schweich gebracht. Dieses Mal bekam ich einen ausreichend großen Helm. Und mein fürsorglicher Gastgeber legte Wert darauf, dass ich mich an den Griffen unter dem Sitz festhalte und nicht an seinem Bauch. Angesichts meines panischen Klammerns konnte ich auch das gut verstehen.

Am selben Tag kam ich schon in Trier an. Das Hochwasser hatte hier stärker gewütet. Auf den Straßen standen verschlammte Waschmaschinen und Kühlschränke, vor den Häusern türmten sich Müllberge, Wände in Häusern waren derart aufgeweicht, dass sie abgerissen werden mussten. Es roch nach Öl. Feuerwehrautos und Straßensperrungen prägten hier das Stadtbild. Eine Suppenküche versorgte Anwohner, die keinen Strom mehr hatten. Keine Toten. Keine Katastrophe. Aber doch mehr Leid, als ich es in anderen Orten erlebt hatte.

In den meisten anderen Stadtteilen von Trier war von diesen Sorgen nichts zu spüren.

Noch bevor ich das Pilgerbüro ansteuerte, ging ich in Deutschlands älteste Apotheke, um mir mein verschriebenes Antibiotikum endlich abzuholen. Dieses schien mir noch wichtiger zu sein als die Pilgerurkunde, die mir die Pilgerschaft von Koblenz nach Trier und den Besuch am Grab des heiligen Matthias, zu dem man hier pilgerte, bescheinigte. Laut Urkunde hatte ich auch „am Schrein des Heiligen Rocks im Trierer Dom“ gebetet. Das stimmte zwar nicht so ganz, aber ich war allein bei Hochwasser gepilgert und musste mich auf facebook beschimpfen lassen. Das war meines Erachtens mindestens gleichwertig, und ich hatte mich den Umständen entsprechend ganz gut geschlagen.

Ich wusste nicht mal, was dieser „Rock“ sein sollte, geschweige denn, wo er zu finden war.

Beim Heiligen Rock handelt es sich der Legende nach um die Tunika Jesu Christi. Es ist die bedeutendste Reliquie des Trierer Domschatzes, die 1196 erstmals urkundlich erwähnt wurde. Bereits 17 offizielle Wallfahrten fanden zum Heiligen Rock statt. Die Trierer Wallfahrt von 1844 erreichte eine damals aufsehenerregende Beteiligung von über 1 Million Pilgern.

Ich lief – ohne ihr große Beachtung zu schenken – vorbei an der Karl-Marx-Statue, 2018 als Geschenk der Volksrepublik China aufgestellt. Ich wollte jetzt einfach nur noch in meine Unterkunft.

Sowohl in dieser Nacht als auch für die spätere Rückreise hatte ich ein Gästezimmer bei den Barmherzigen Brüdern Trier reserviert. Doch ich konnte das Kloster, das ich erwartete, nicht finden. Hier war nur ein Krankenhaus. Richtig, ich hatte ein Zimmer in einem Krankenhaus gebucht. Ich musste den gleichen Eingang wie die Patienten nehmen, was sich merkwürdig anfühlte. Aber einen anderen Aus- und Eingang gab es nicht.

„Barmherzige Brüder" heißen verschiedene Ordensgemeinschaften in der katholischen Kirche, die vor allem zum Einsatz in der Kranken- und Altenpflege gegründet wurden. Heute gibt es von den Barmherzigen Brüdern in Trier eine Unternehmensgruppe, die von dem Orden geleitet wird und eine Vielzahl von Einrichtungen umfasst, deren Mitarbeiterinnen und Mitarbeiter selbst nicht dem Orden angehören.

Am Abend schlenderte ich noch durch die lebendige, vom Tourismus geprägte Stadt. Eigentlich sollte man hier – so hatte es mir Karl-Heinz erzählt – nach erfolgreicher Pilgerschaft den Teufelsstein reiten. Aber da außer mir weit und breit keine anderen Pilger waren, schien mir das doch etwas lächerlich zu wirken, und ich berührte den Stein nur zögerlich.

Der Legende nach soll beim Bau des Trierer Doms der Teufel mit einer List zur Mithilfe bewogen worden sein.

Der Baumeister hatte sich aus Angst um eine nicht rechtzeitige Fertigstellung des Domes überlegt, dem Teufel zu erzählen, dass hier das größte Wirtshaus der Welt gebaut werde und fragte ihn, ob er nicht beim Transport der schweren Säulen helfen könne. Erfreut über die Sündhaftigkeit dieses Bauvorhabens stimmte der Höllenfürst zu und schleppte Säule für Säule herbei. Als er jedoch zur Fertigstellung des Doms mit der letzten Säule ankam, weihte der Bischof das Gebäude gerade als Kirche ein. Voller Wut schleuderte der Teufel daraufhin die letzte Säule Richtung Dom und verfehlte diesen. Die Säule zerbrach und liegt bis heute vor dem Eingang des Gotteshauses. – Die Legende wird in verschiedenen Varianten erzählt.

Immer wieder glaubte ich, einen anderen Pilger zu sichten. Doch es waren Obdachlose. Während ich mich mit ihnen verbunden fühlte, da sie mir optisch zu ähneln schienen, brachten sie keine entsprechenden Gefühle der Verbundenheit mir entgegen. Doch was ist ein Pilgerweg ohne andere Pilger?

Am nächsten Morgen zog es mich einsam weiter, Richtung luxemburgische Grenze.

Sendepause

Erst immer entlang der Mosel und dann immer entlang eines kleineren Flusses, der in der Mosel mündet. So schwer war der Weg aus Trier doch gar nicht. Aber ich folgte nach der Mosel dem falschen Fluss. Nach einer Stunde ohne Pilgermuschel fing ich an, mich zu wundern. Und bemerkte meinen Irrtum. Schon wieder so ein verdammt langer Pilgertag. Aber offenbar wollte ich es am vorletzten Tag nochmal richtig wissen.

Der letzte Tag sollte ein Spaziergang sein. Nur sechs Kilometer bis Schengen. Der Weg war nicht besonders reizvoll, und ich chattete mit ein paar Bekannten via Smartphone. Doch dann ging nichts mehr. War hier kein Empfang oder hatte sich mein Telefon aufgehängt? Wie üblich bei technischen Geräten: Ein Neustart behebt das Problem in der Regel.

Erst gab ich versehentlich die PIN für die SIM-Karte meines Diensthandys auf dem Privattelefon ein. Kein Problem, noch zwei Versuche. Ein Zahlendreher, wie ungeschickt. Aber beim dritten Mal: Handy gesperrt. Nichts ging mehr.

Und während ich dies alles tat, verließ ich versehentlich den Jakobsweg. Da stand ich, orientierungslos an der Kreuzung einer vielbefahrenen Landstraße, und die angegebenen Ortsnamen waren auch keine Hilfe.

Ich kam mir vor, wie Hänsel und Gretel im dunklen Wald, auch wenn ich mich am Rande eines gut zu überblickenden Weizenfeldes befand. Und dann kam mir ein Gedankenblitz. Ich könnte über das GPS auch offline navigieren. Dies wäre ohne SIM-Karte möglich, wodurch ich das PIN-Problem umgehen würde. Wo war ein spitzes Metallstück, mit dem ich das Seitenfach öffnen könnte? Fehlanzeige, so was hatte ich nicht dabei.

30 Minuten später, ich wusste immer noch nicht, wo ich war. Aber auf der Straße eines Dorfes, das ich gerade durchschritt, lag ein kleiner Schatz: eine angerostete Büroklammer, die dort schon eine Ewigkeit liegen musste. Der Weg gibt dir, was du brauchst. Eine Büroklammer und gern auch eine Sendepause.

Schengen, der innereuropäische Grenzübertritt, sollte etwas Besonderes für mich sein. Stand dieser Ort doch für ein grenzenloses europäisches Miteinander. Gerade in Corona-Zeiten der Kleinstaaterei waren sogar innerdeutsche Grenzübertritte wieder etwas Besonderes geworden. Doch all das interessierte mich nicht viel. Mich beschäftigte die Frage: Wo bekomme ich Internetzugang her?

Während es in Spanien in jeder Dorfkneipe freies oder einfach zugängliches Internet gibt, sah es hier an der deutsch-luxemburgischen Grenze anders aus. Wie mit einer Wünschelroute ging ich an Kiosken und Restaurants vorbei, in der Hoffnung, ein starkes W-Lan ausfindig zu machen. Ein Döner-Laden hatte das beste Netz. Also gab es 10.30 Uhr vormittags einen Döner, einen Ayran und das W-Lan-Passwort.

Schnell waren alle Kontakte informiert, dass ich nun offline unterwegs sei. Nachdem ich den Laden wieder verlassen hatte, fiel mir jedoch ein, dass ich mein Zugticket neu herunterladen musste. Peinlich berührt von meiner Situation ging ich aber nicht wieder ins Restaurant. Denn noch mehr Döner mochte ich jetzt nicht essen, sondern stellte mich hinter ein Gebüsch am Parkplatz, wohin das W-Lan gerade noch reichte.

Im Dreiländereck Luxemburg, Frankreich und Deutschland wurde europäische Geschichte geschrieben. Hier wurde 1985 das Schengener Abkommen unterzeichnet, einer der wichtigsten Schritte auf dem Weg zur europäischen Einigung, als die innereuropäischen Grenzkontrollen im Personen- und Warenverkehr abgeschafft wurden. Schengen gilt damit als Wiege des grenzenlosen Europas.

Schengen passte für mich auch symbolisch gut zum länderverbindenden Jakobsweg. Ich übertrat nun die Grenze zu Fuß. Ich besichtigte das „Centre Européen“ im Schnelldurchlauf und machte mich mit dem Zug schließlich auf den Weg zurück nach Trier.

Im Jahr 2004 bezeichnete Papst Johannes Paul II. den heiligen Ort Santiago de Compostela mit seinem Apostelgrab als „Spirituelle Hauptstadt der europäischen Einheit“. Aber liegen die geistigen Wurzeln Europas tatsächlich hier?
Seit dem Mittelalter pilgerten Menschen aus ganz Europa nach Santiago de Compostela. Da auch Krieger, Handwerker und Händler neben den Pilgern zu den mobilen Bevölkerungsgruppen gehörten, war die Konsequenz ein Kulturtransfer. Diese Austauschprozesse gehören zum Erbe der europäischen Wurzeln. Mit der heutigen Rückbesinnung auf die Jakobspilger stehen die „alten“ Europäer vor einem Neubeginn. Wenngleich der alte Westen seit der Eroberung und Kolonisierung Amerikas an Bedeutung verloren hat und den Werten und Vorstellungen US-amerikanischer Prägung hat weichen müssen, so bieten Pilgerwege quer durch Europa ein Alternativprogramm, als historische Lehrpfade durch kulturelle Vielfalt und als Räume für Spiritualität.

Das Gute sehen

Urlaub im Krankenhaus. Vorbei an der Notaufnahme und der Information ging es auf mein Zimmer. Man kannte mich hier inzwischen. Kein gebrochenes Bein.

Keine Kopfbandage. Keine Verletzungen. Und trotzdem zu Gast im Krankenhaus der Barmherzigen Brüder.

Auf dem glatten Flurboden quietschen meine Schuhe besonders laut. Der Geruch. Das sterile Licht. Menschen mit Arztkittel eilten an mir vorbei. Patienten mit Krücken und im Rollstuhl kreuzten meinen Weg.

Mein Zimmer hatte zwar zwei „normale“ Betten. Aber spätestens im Bereich des Badezimmers hatte es den Charme eines Krankenhauses. Da ich keinen Kühlschrank hatte, kühlte der Weißwein im Waschbecken.

In der Kantine war es ruhig, wenige Personen vom Personal, keine Patienten, denn ihnen und ihren Besuchern war in Corona-Zeiten der Kantinenbesuch nicht erlaubt. Nur Ärzten, Pflegern und Schwestern. Und Übernachtungsgästen aus dem Gästehaus – ich war hier offenbar der Einzige dieser „Kategorie“.

Was empfand ich in dieser Umgebung? Ein Ort der Krankheit. Ein Ort der harten Arbeit. Ich kam zur Ruhe. Machte mich mit den Regeln vertraut. Und sah

mein Zimmer als Ruhe-Oase im touristischen Trier. Eine bessere Pilger-Unterkunft zum Erden hätte ich nicht finden können.

Ich schlenderte noch zu Porta Nigra, gab die Rolle als Pilger auf und wurde für ein paar Stunden ein „normaler" Tourist, bevor ich am nächsten Morgen die Heimreise antrat.

Die Porta Nigra – lateinisch für „Schwarzes Tor" – ist ein ab 170 nach Christus errichtetes früheres römisches Stadttor von Trier. Der Name Porta Nigra stammt aus dem Mittelalter, als Kleinorganismen den weißen Sandstein an der Oberfläche dunkel verfärbt haben. Seit 1986 ist die Porta Nigra Teil des UNESCO-Welterbes.

Wenige Wochen später in Berlin fand der Gottesdienst anlässlich der Eröffnung des Pilgerzentrums St. Jacobi in Berlin-Kreuzberg statt. Ein Pilgerzentrum in einem multikulturellen, großteils eher muslimisch geprägten Bezirk, wo man kein christliches Pilgerzentrum vermuten würde. Irgendwie war es wie mit der Pilgerunterkunft im Trierer Krankhaus, ein Ort, den man hier nicht zu entdecken glaubte. Die Predigt des evangelischen Bischofs, Dr. Christian Stäblein, berührte die Menschen in der vollen Kirche und machte mich aufgrund der Bezugnahme auf mein Buch *Pilgerwahnsinn* stolz. „Vergiss Kerkeling, lies Steinert", war seine Aufforderung an die Gemeinde. In seinem Einweihungsgebet hieß es: „Wir danken dir, dass wir heute dieses Pilgerzentrum im Herzen Berlins eröffnen können. Wir bitten dich, lass es zum Segen werden für alle, die hier ankommen, die rasten und ausruhen – und wieder aufbrechen." Pilgerpfarrer Christoph Heil konnte zudem zahlreiche Initiativen aus der Region als Unterstützer gewinnen, wodurch das Bedürfnis der Menschen nach einem Kraftort wie diesen umso deutlicher wurde.

Etwas mehr als ein halbes Jahr nach dem Eröffnungsgottesdienst war das Pilgerzentrum schon Unterkunft für die ersten Weitgereisten, allerdings keine Pilger, sondern Geflüchtete aus der Ukraine, die allen Grund hatten, Kraft zu tanken und in schweren Zeiten Zuversicht zu entwickeln.

4— Fast wie in Spanien: Der Ökumenische Pilgerweg

Urlauber oder Pilger?

Eine Pilgerfreundin, die ich aus Spanien kannte, freute sich mit mir über meine Pilgerabenteuer an der Mosel. Doch eines gefiel ihr gar nicht. Es war nicht das Hochwasser oder der Krankenhausaufenthalt, sondern die genaue Planung des „Urlaubs“. Und genau das schien es für sie gewesen zu sein, ein Wanderurlaub. Aber eine Pilgerreise, die immer auch eine Reise ins Ungewisse und Unvorhergesehene ist, eher nicht.

Ich war in den westlichen Zipfel Deutschlands gepilgert. Doch in wenigen Wochen sollte es mich ganz in den Osten der Republik verschlagen. Im Herbst zuvor war ich von Roland zu einem lebendigen Pilgertreffen Mitteldeutschlands eingeladen worden. Ich war Roland zuvor erst einmal bei einer meiner Lesungen in Markkleeberg persönlich begegnet. Was mich an dem von ihm organisierten Pilgertreffen begeisterte, waren nicht nur die netten Menschen, sondern das vertraute Miteinander, das ab dem ersten Moment bestand. Viel Zeit zum Warmwerden brauchten wir alle nicht. Zudem war ich sofort von der beeindruckenden Pilgerinfrastruktur angetan, die ich hier in Sachsen nicht erwartet hatte. Die Herbergen waren urig gemütlich.

Die Einheimischen boten eine authentische Pilgeratmosphäre. Und noch bevor uns abends am Lagerfeuer sorbische Lieder vorgesungen wurden, stand der Entschluss schon fest, dass eine meiner nächsten Pilgerreisen mich hierhin führen würde.

Auch wenn ich in Sachsen aufgewachsen war, diese Ecke um Königsbrück war mir bislang unbekannt. Vielleicht sogar fremder als Nordspanien.

Die klangvolle Peregrinus-Herberge in Görlitz war wegen einer Hochzeit an meinem Anreisetag schon ausgebucht, sodass ich mich bereits Wochen vor meiner Pilgerreise für eine kleine Pension entschied.

Die Anreise in die östlichste Stadt Deutschlands war aufgrund des Lokführerstreiks sowie eines baustellenbedingten Ersatzverkehrs und der anhaltenden Pandemie beschwerlicher als geplant. Von letzterer war in Görlitz nichts zu spüren. Die sächsische Landesregierung hatte die gesetzlichen Bestimmungen sommerbedingt gelockert. Im Land der Impfskeptiker sah der Großteil der Bevölkerung offenbar auch keinen Sinn, freiwillig einen Mund-Nasen-Schutz in Innenräumen zu tragen. Erstaunte Blicke im Restaurant waren mir daher gewiss, weil ich die Notwendigkeit noch immer gegeben sah.

Wie so oft bei Pilgerreisen, hatte ich die Unterkunft für die erste Nacht reserviert. Pandemiebedingt sogar die ersten vier Nächte, auch wenn dies eher dem Verhalten eines Wanderurlaubers – wie meine kritische Pilgerfreundin sagen würde – als dem eines Pilgers entsprach. In meinem kleinen Einzelzimmer wollte ich wieder eine „Solo-Pilger-Party" feiern. Damit waren weder andere Menschen noch laute Musik gemeint, sondern eine wilde Mischung von fettigen, süßen und alkoholhaltigen Speisen und Getränken aus dem

Supermarkt. Eine wilde Mischung deshalb, weil die Lebensmittel eigentlich gar nicht zusammenpassten. Am Ende eines solchen Abends lief in der Regel der Fernseher, eine angebrochene Weinflasche stand auf dem Nachttisch und mir war schlecht von dem vielen Zucker. Solche „Partys" durften auf einer Pilgerreise nicht überhandnehmen, sie waren mit Vernunft und einem ästhetischen Verständnis von Genuss nicht zu erklären. Aber ich liebte sie.

Auch im Supermarkt trug keiner eine Maske. Zunächst versuchte ich, nicht weiter aufzufallen und verzichtete auch darauf. Aber bereits nach zwei Minuten zog ich eine FFP2-Maske auf.

Obst, Schokolade, Wurst, Wein, Fertig-Sushi, Nüsse, Chips und Saft waren schnell zusammen. Aber da ich meine Sonnenbrille und meine Badelatschen in Berlin vergessen hatte, stürzte ich mich auch auf die Wühltische. Die Sonnenbrille für sieben Euro war sogar richtig schick. Aber was wusste ich schon, da ich mit gutem Geschmack noch nie besonders beschenkt war. Bei den Badelatschen war es schon schwieriger. Ich war inzwischen schon seit über 30 Minuten im Supermarkt, als ich endlich eine einzelne rechte Latsche in der passenden Größe zwischen Duftkerzen fand. Das linke Pendant kam schließlich unter Sofakissen und Bettbezügen zum Vorschein.

Görlitz gehört zu den schönsten Städten Deutschlands. Die Stadt löste bezüglich Gebäude und Flair Begeisterung bei mir aus. Ein Spaziergang über die Brücke nach Polen musste wohl bedacht sein, da hier sogar auf dem Fußweg Maskenpflicht bestand. Die wärmende Abendsonne, die gepflegten alten Kirchen, die ruhigen Gassen – all das war stimmig. Ich erfreute mich an schlesischen Piroggen und köstlichem Eis im Restaurant. Aber mein persönliches Highlight sollte nun die abendliche „Solo-Pilger-Party“ in meinem Pensionszimmer sein, mit der ich mich kindlich vom stressigen Alltag zu lösen versuchte.

Ich unterschied mich von den übrigen Urlaubern in Görlitz sehr – und das nicht nur bezüglich der Kleidung. Innerhalb einer Stunde hatte ich mir in Görlitz und auf der polnischen Seite alles angesehen, was ich sehen wollte. Meine Unterkunft lag auch nicht in der lieblichen Innenstadt oder mit Blick über den romantischen Fluss. Meine Unterkunft lag nahe dem Jakobsweg. Ich wollte am nächsten Morgen früh starten und Görlitz schnell hinter mir lassen.

Gebäude verschiedener Epochen und unterschiedlicher Architekturstile säumen die gut erhaltene Altstadt von Görlitz. Die östlichste Stadt Deutschlands liegt an der polnischen Grenze. Mitten im Stadtkern lässt sich die begehrte Hollywood-Filmkulisse „Görliwood“ erkunden. Über der Stadt erstrahlt erhaben die spätgotische Peterskirche. Der Blick nach Polen stellt architektonisch und durch die von Baugruben gesäumte Uferpromenade einen Bruch dar und lässt Görlitz zugleich noch stärker strahlen.

In den kommenden Tagen erleichterte ich die Gastfreundschaft durch meine Voranmeldung in den Pilgerherbergen. Zudem wollte ich unbedingt in Crostwitz bei Monika nächtigen, von deren Pilgerherberge mir bereits so viele Pilgerfreunde vorgeschwärmt hatten. Monika war mir mit ihren sorbischen Wurzeln am Lagerfeuer gut in Erinnerung geblieben.

Pilger stehen früh auf und gehen entsprechend auch früh ins Bett. Die Nachtruhe in spanischen Pilgerherbergen ab 22 Uhr ist Gesetz und von den meisten erfahrenen Pilger so tief verinnerlicht, dass sie sich auch daran orientieren, wenn sie woanders unterwegs sind. Um ehrlich zu sein, weiß ich nicht, ob es bei anderen Pilgern so ist, aber auf mich trifft es zu. Das frühe Aufstehen war auch notwendig, da ich am ersten Tag 35 Kilometer laufen musste, wenn ich nach zwei Pilgertagen in Crostwitz sein wollte. Die Pilgerherberge Gröditz namens „Refugio Santa Marta" schien mir daher genau richtig. Die dortige Herbergsmutter Gudrun fragte bei der Reservierung auch nicht lange und duzte mich sofort.

Die letzten fünf Kilometer Weg des Tages schlängelten sich durch ein Tal entlang eines kleinen Flusses, der gemütlich vor sich hinplätscherte. Der Schweiß rann mir aus allen Poren. Die Nachmittagssonne glitzerte durch das Laubdach der Bäume. Doch ein Schlenderschritt war nicht opportun, da mich Mückenschwärme attackierten. Ich fuchtelte wie wild herum. Da ich mit Trekkingstöcken unterwegs war, sah ich wahrscheinlich wie eine Marionette aus, deren Fäden sich ineinander verheddert hatten und die nun – im Versuch eine koordinierte Bewegung hinzubekommen – unkoordiniert zappelte.

Das Mücken-Tal konnte ich schließlich über einen steilen Aufstieg verlassen. Und was ich da sah, glich vom Gefühl dem Anblick der spanischen Stadt Salamanca, wenn man auf der südspanischen Via de la Plata pilgert. Nein, keine große Kathedrale war hier zu sehen, auch keine große Brücke sollte mich in einen historischen Stadtkern führen, dennoch glich es diesem Erlebnis, das sich tief in mein Herz eingegraben hatte.

Das Schloss Gröditz war umgeben von einer gepflegten Parkanlage, die oberhalb der Baumwipfel und des Mücken-Tals thronte. Am Rande ein kleines Refugio, vor dem zwei ältere Pilgerinnen ein Radler genossen und sich ihre Füße pflegten. Nein, die älteren Damen waren nicht schneller als ich unterwegs, waren sie doch mit einem Tag Vorsprung gestartet.

Ich hatte einen solchen gemütlichen Ort mit zwei Schlafsälen und einer großen Küche mit zahlreichen Lebensmittelvorräten zur Selbstbedienung und Kasse des Vertrauens nicht annäherungsweise so schön erwartet. Nach Pilgerdusche und Handwäsche meiner Pilgerkleidung wandelte ich durch den gepflegten Schlossgarten, der mit Bänken zum Verweilen einlud.

Gudrun war das beste Beispiel dafür, wie wichtig die Menschen am Wegesrand sind, die einen willkommen heißen und die Pilger in ihrer Reise wahrnehmen. Gröditz hätte genauso ein Ort kurz vor Santiago de Compostela sein können. Nicht besonders bekannt. Aber doch wichtig, um dem Körper und der Seele nach einem anstrengenden Pilgertag eine Auszeit zu gönnen. Um Pilgerbekanntschaften zu machen. Und sich als Pilger angenommen zu fühlen.

Gröditz stand nicht auf meiner Liste der zu erwartenden Highlights auf dieser Pilgerreise. Frei von Erwartungen an diesen Ort sollte ich mich aber hier in Deutschland wie ein „richtiger Pilger" fühlen.

Der Ökumenische Pilgerweg orientiert sich am historischen Verlauf der der alten Handelsstraße Via Regia

und knüpft an die Geschichte der Pilger früherer Zeiten an. Im Netz europäischer Pilgerwege bildet er eine wichtige Verbindung von Ost nach West. Startpunkt ist die östlichste Stadt Deutschlands, Görlitz. 1252 wurde die Via Regia erstmals in einer Urkunde des Markgrafen Heinrich von Meißen als Königsstraße *(strata regia)* erwähnt. Ihre Anfänge reichen in das frühe Hochmittelalter zurück. Vorläufer lassen sich für den hessischen Abschnitt bereits im 8. Jahrhundert, für die Oberlausitz im 10. Jahrhundert nachweisen. Seit dem 14. Jahrhundert stand die Via Regia unter landesfürstlicher Aufsicht. Durch Straßenzwang, welcher festlegte, dass bestimmte Handelswaren von Kaufleuten nur auf dieser Fernhandelsstraße transportiert werden durften, profitierten insbesondere Leipzig und Frankfurt am Main. Zeugnisse von Pilgerreisen nach Santiago sind aus Großenhain, Leipzig, Erfurt, Gotha, Vacha, Fulda, Frankfurt und Mainz bekannt. Nach dem Wiener Kongress 1815 erlosch jedoch die Bedeutung der Via Regia, als das sächsische Staatsgebiet um mehr als die Hälfte schrumpfte. Heute ist der Ökumenische Pilgerweg der einzige deutsche Jakobsweg, auf dem man bei der Beherbergung lückenlos auf „echte“ Pilgerunterkünfte zurückgreifen kann.

Am nächsten Tag ging es weiter durch die zweisprachige Lausitz. Die Pilgerherberge im sorbisch-katholischen Ort Crostwitz war bereits bei der Ankunft stimmungsvoll. Monika war noch irgendwo im Ort unterwegs, aber in der am Haus angrenzenden schattigen „Pilgeroase“ standen eine Kanne Tee und Kekse zur Stärkung bereit.

Pilgerherberge Crostwitz/Putniska Hospoda Chróśćicy: Auf dem im Jahre 2003 wieder eingerichteten Ökumenischen Pilgerweg wird auch die sorbische und katholische Gemeinde Crostwitz passiert. Erste Zeugnisse christlichen Glaubens verweisen auf das 11. Jahrhundert. Seit 1225 ist Crostwitz eigenständige Pfarrei – heute die größte im Bistum Dresden-Meißen. Nur etwa 100 Meter jeweils vom markierten Pilgerweg oder von der Kirche entfernt, erwartet seit Juni 2008 Familie Gerdes die Pilger in der privat eingerichteten und liebevoll geführten Pilgerherberge. Der ehemalige Winkelhof Crostwitz Nr. 58 gehörte wahrscheinlich mit zu den ersten Gebäuden des Ortes. Seit dem Tod ihres Mannes im Jahr 2009 führt Monika Gerdes die Herberge neben ihrer beruflichen Arbeit fort. Dabei wird sie von ehrenamtlichen Hospitaleras tatkräftig unterstützt. Im Jahr 2010 wurde im Garten zudem eine „Pilgeroase" eröffnet – ein überdachter Rastplatz, wo die Pilger, die noch weiterziehen wollen, ein gedeckter Tisch erwartet. Zur Stärkung stehen in Thermoskannen Tee und Kaffee, außerdem Gebäck und Obst bereit. Im Winter finden hier zudem sorbische Kulturangebote mit Vorträgen, Lesungen und Musik statt.

In Crostwitz waren es schon vier andere Pilger, die aber ebenso wie die älteren Damen des Vorabends viel langsamer als ich unterwegs waren, sodass es kein Wiedersehen geben würde.

Monika stellte für mich die persönliche Verkörperung der sorbischen Kultur dar. Ein Anstecker mit dem sorbischen Emblem, einem blau-rot-weißem Lindenblatt, sollte uns an das Eintauchen in ihre Kultur auch zukünftig erinnern.

Sorben sind in Deutschland als nationale Minderheit anerkannt. Sie haben neben ihrer Sprache, die man an sächsischen Schulen lernen kann, eine offiziell anerkannte Flagge und Hymne.

Wegezoll

Es war so ein Pilgertag, an dem man besonders stolz ist, dass man die weite Etappe geschafft hat. Ich war sehr früh am Morgen in Crostwitz gestartet. Auf das gemeinsame Frühstück verzichtete ich. Alle schliefen noch, als ich aufbrach. Nur Monika war ebenfalls aufgestanden, um mich mit einem Pilgersegen zu verabschieden. Es war ein warmer Sommertag. Für jeden Schatten spendenden Baum war ich dankbar. Verschwitzt, erschöpft und glücklich kam ich am späten Nachmittag nach 35 Kilometern schließlich in Königsbrück an. Am Ortseingang empfing mich eine nette Frau, die zielgenau auf mich zulief. Aber war sie wirklich nett?

„Do you walk on the Pilgerweg?", in gebrochenem Englisch sprach sie mich an. „You have to pay 10 Euro", setzte sie fort. Ich war für den Moment total verwirrt und wusste nicht, ob ich auf Englisch oder Deutsch antworten sollte. Offenbar hielt sie mich für einen Polen oder einen anderen Ausländer, dem man auf Englisch ansprechen müsse. Als ich meine Gedanken sortiert hatte, fragte ich höflich nach, warum ich 10 Euro zahlen sollte. Vielleicht betreute sie ja die Pilgerherberge mit und wollte mir freundlich vermitteln, dass die Unterkunft sehr günstig sei. Nein, sie wollte tatsächlich Wegezoll, da ich „auf dem Weg des Reiches“ unterwegs war. Ich hatte in Sachsen schon häufiger Reichsflaggen gesehen. Aber es war mein erstes Gespräch mit einer sogenannten „Reichsbürgerin“. So skurril ich die Situation auch fand, mein Gegenüber war fest entschlossen, die 10 Euro zu kassieren. Erwartungsvoll hielt sie bereits ihre große Geldbörse in der Hand. Offenbar war sie auch darauf vorbereitet, passend zu wechseln. Ihr Ton wurde allmählich auch unfreundlicher, weil ich ihrer Aufforderung nicht nachkommen wollte. Bestimmend musste ich ihr Anliegen zurückweisen. Abschließend meinte ich: „Das Geld benötige ich für eine Pizza“, und zog weiter.

In Deutschland sind meist nur Deutsche unterwegs, internationale Begegnung und Sprachvielfalt sind daher nicht anzutreffen, jedoch eine Vielfalt an Dialekten der jeweiligen Regionen und mitunter Sprachen nationaler Minderheiten wie die der Sorben. Da Jakobswege im östlichen Teil unter anderem an Polen Anschluss finden, besteht hier länderübergreifendes Potential, auch wenn zukünftig keine „spanischen Verhältnisse“ mit 190 Nationen zu erwarten sind.

Pizza, das war gar keine schlechte Idee. Zumal es am Abend in der schlichten Herberge kein Essen geben würde. Am Marktplatz angekommen, steuerte ich einen Dönerladen an, der auch Pizza verkaufte. Die anderen Gäste waren allesamt komische Gestalten, ein Betrunkener quatschte mich sofort voll. „Von euch gibt es hier aber viele“, meinte er zu mir. Viele? Ich hatte auf dem heutigen Weg wieder keine Pilger gesehen. Aber gut zu wissen, dass es noch andere Pilger gab, die ich vielleicht am Folgetag unterwegs kennenlernen würde. Zum Glück hatte ich meine Unterkunft drei Wochen im Voraus gebucht. Das Armenhaus Stenz in Königsbrück hatte den entscheidenden Ausschlag gegeben, diesen Pilgerweg zu laufen. Im Herbst hatte ich nach meiner Buchlesung in der Königsbrücker Kirche das Armenhaus besuchen dürfen. Kein elektrischer Strom, kein fließend Wasser, ein Plumpsklo hinter dem Haus und ein uraltes Strohbett im Obergeschoss. Zum Abend sollte einem hier zwei Wasserkrüge gebracht werden, einer zum Waschen und einer fürs Trinkwasser.

Ich hatte meine Etappe bewusst so geplant, dass ich hier nächtigen würde. Da es keine Dusche gab, hatte ich erstmals einen Waschlappen im Pilgergepäck. Ich war ein bisschen aufgeregt, da ich zuletzt als Kind beim Camping ohne fließend Wasser genächtigt hatte. Meine Powerbank für das Smartphone und die Stirnlampe hatte ich in Crostwitz extra nochmal aufgeladen.

„Heute Nachmittag ist schon ein anderer Pilger angekommen, ihr müsst euch miteinander arrangieren", mit diesem Satz begrüßte mich der Herbergsvater am Telefon. Der andere Pilger hatte den Schlüssel bekommen. Gegebenenfalls sollte die Herberge abgeschlossen sein, aber der Schlüssel sei in einem Versteck hinterlegt und auch ich könne als Pilger kostenlos das Freibad besuchen. Als ich jedoch vor dem winzigen Häuschen stand, überzeugte mich diese in Pandemiezeiten doch sehr kuschelige Lösung nicht. Der andere Pilger und ich waren eindeutig kein gemeinsamer Hausstand. Auch hatte ich in einen Fremden kein Vertrauen, zumal das Problembewusstsein für eine mögliche Ansteckung und die Impfquote in Sachsen sehr niedrig waren. Es half gar nichts, dass ich drei Wochen im Voraus reserviert hatte.

Ich wollte aber auch nicht streiten. Nur nochmal einen Blick ins Häuschen werfen und mir woanders eine Unterkunft suchen. Doch die Tür war verschlossen, der andere Pilger offenbar im Freibad. Und der angeblich hinterlegte Schlüssel war unauffindbar. So langsam änderte sich meine Stimmung, und ich brummelte sauer etwas von „Reichsbürgern“, „Besoffenen“ und „Coronaleugnern“ vor mich hin.

Der nächste Ort mit günstiger Unterkunft, Tauscha, war acht Kilometer entfernt. Ich sprach dem dortigen Herbergsvater auf die Mailbox, da ich ihn nicht erreichen konnte. Und nahm die Beine in die Hand.

Die Nachmittagssonne stand schon sehr niedrig und blendete mir direkt ins Gesicht, da ich Richtung Westen lief. Schnellen Schrittes lief ich an behangenen Brombeersträuchern vorbei, da ich noch bei Tageslicht ankommen wollte. Beschleunigt wurde mein Schritt im Wald wieder durch Mückenschwärme, die über mich herfielen.

Inzwischen hatte ich mich bei dem Herbergsvater in Königsbrück abgemeldet, der meine Entscheidung weiterzuziehen merkwürdig fand. Dafür hatte ich nur Kopfschütteln übrig. Den Herbergsvater im nächsten Ort konnte ich immer noch nicht erreichen. Als ich im Ort suchend vor der Dorfkneipe stand, fand ich es nicht abwegig, gegebenenfalls hier zu schlafen, falls es auch hier eine Übernachtungsmöglichkeit über dem Gasthaus geben würde. Genau in diesem Mann kam ein Mann zur Tür rausgeschossen und blickte mich fragend an. Meine Nachfrage nach einer Unterkunft verneinte er und schickte mich weiter, da in 300 Metern rechter Hand eine Familie sei, die Zimmer vermiete. Doch bereits nach 100 Metern – jedoch linker Hand – war die Unterkunft, die ich schon den ganzen Nachmittag zu erreichen versuchte.

„Uwe!!!!“, die Gäste des Reiterhofes empfingen mich herzlich, aber der Herbergsvater war weit und breit nicht zu finden. Einer der Gäste, der bereits seit Jahren mit Freunden und Familie zum Reiterurlaub hierherkam, wollte mir einen Schlafplatz im Gebäude suchen, was ihm seine Frau sofort verbot. Zugleich machte ich einen mitleidserweckenden Eindruck, und die Reiter gaben mir die Reste ihres Abendessens. Kaltes Schnitzel und Kartoffelsalat. Die Anrufversuche auf der Mobilnummer von Uwe endeten mit einem klingelnden und vibrierenden Handy in drei Meter Entfernung. Dessen Besitzer war weiterhin nicht in Sicht. „Lass dich nicht verunsichern, Uwe ist manchmal brummelig, aber er ist ein guter Kerl“, so die wohlmeinenden Hinweise der anderen Gäste. Inzwischen kamen zwei Pilgerinnen aus der Dorfkneipe auf den Hof und kündigten mir an, dass Uwe auch auf den Weg sei.

Ein mürrischer Mann lief auf mich zu und blickte mich verwundert an. Die anderen Gäste nahmen ihm den Wind aus den Segeln und meinten: „Uwe, du hast doch immer noch ein Bett frei“. „Macht 200 Euro“, antwortete er flapsig. Das Eis war gebrochen. Er schaute in Richtung eines Wohnwagens „Dort wollte ich eigentlich heute Nacht schlafen, aber den kannst du bekommen.“ Ich wollte nicht undankbar sein, aber eine der beiden Pilgerinnen hatte mir bereits von einem schönen großen Schlafsaal mit Badezimmer unter dem Dach der Scheune erzählt. Uwe vergewisserte sich bei der besagten Pilgerin, Flora, ob dies für sie tatsächlich okay sei und mahnte mich zu einem „anständigen Verhalten“.

Aus 200 Euro wurden 25 Euro inklusive reichhaltigem Frühstück und zwei neuen Pilgerbekannten, Flora und Peggy. Am nächsten Morgen zogen wir zusammen weiter. Aufgrund des langen Vortages war die kleine Tagesetappe der beiden Frauen genau richtig für mich.

„Du warst gestern aber mutig“, meinte Flora. Das verstand ich nicht. „Na, nachdem Uwe wütend aus der Kneipe geschossen kam und dich als Übernachtungsgast abgelehnt hatte, hast du trotzdem ruhig und selbstbewusst auf dem Hof auf ihn gewartet.“ Mein schlechtes Gesichtsgedächtnis war mir in der Tat zugutegekommen, da ich den Herrn aus der Kneipe und Uwe nicht als dieselbe Person angesehen hatte. Auch hielt ich seinen Hinweis mit der anderen Unterkunft auf der rechten Seite für eine Verwechslung. Doch die Wahrheit war, dass sich Uwe in der Kneipe lautstark über mich aufgeregt hatte. In Unkenntnis meiner Anrufe, da sein Smartphone auf dem Hof lag, hatte er sich empört: „Warum können die sich nicht anmelden?! Der bekommt kein Bett von mir!“ Meine entwaffnende Freundlichkeit und die anderen Gäste hatten ihm diese Möglichkeit der Abweisung aber schließlich genommen.

Unterwegs kamen wir in an einem Gefängnis vorbei. Entschleunigt durch meine neuen Begleiterinnen auf diesem Pilgerweg kehrte auch ich in der „Pilgeroase“ der Haftanstalt ein, wo uns ein Insasse Kaffee brachte und die Pfarrerin der Einrichtung von der Entstehungsgeschichte dieses besonderen Ortes erzählte.

In der Justizvollzugsanstalt Zeithain ist es insbesondere der dort arbeitenden Pfarrerin Christel Bakker-Bents ein wichtiges Anliegen, dass sich die inhaftierten Männer, deren Angehörige, die Bediensteten und Gäste jenseits von Schuld und Strafe begegnen können. Hiermit wird einem wichtigen Anliegen des sächsischen Strafvollzugsgesetzes Rechnung getragen, dass Gefangene motiviert werden sollen, sich weiterzuentwickeln. Seit dem Frühjahr 2015 wird monatlich ein eintägiges Pilgern für Gefangene aus dem geschlossenen Vollzug als Gruppenausgang durch die Seelsorge angeboten. Bis zu fünf Gefangene können daran pro Termin teilnehmen. Für diese Männer bedeutet das Pilgern, den Weg wieder hineinzufinden in den Lebensprozess, der jenseits der Gefängnismauern stattfindet.

Im Sommer 2015 konnte mit der „Pilgeroase JVA Zeithain“ eine Pilgerraststätte für Pilger, die an der JVA vorbeikommen, eröffnen. Sie dürfen, nachdem sie sich an der Torwache angemeldet haben, in den Garten des Offenen Vollzuges einkehren, werden dort von

den Gefangenen aus dem Offenen Vollzug in Empfang genommen und bekommen ein Getränk von ihnen angeboten. Hier ist ein, wenn auch nur kleiner, so doch wichtiger Brückenschlag vollzogen worden zwischen der Gesellschaft vor den Gefängnisstoren und den Menschen, die dahinter leben.

Die Pilgerinnen und Pilger haben sich sehr bewusst dafür entschieden, für eine Weile aus dem Alltag auszusteigen und mit dem Notwendigsten einen Weg zu gehen, um so neue Erfahrungen für sich zu sammeln, Krisen zu bewältigen und Lebensfragen für sich zu klären. Die dort lebenden Männer haben eine anstrengende Wegetappe hinter Gefängnismauern hinter sich und die Entlassung aus der Strafhaft rückt näher. Auch sie sind auf der Suche nach Lebensperspektiven. Für die Gefangenen ist es hilfreich, Kontakt zu Menschen zu knüpfen, die einen festen Platz in der Gesellschaft haben, von ihrer Lebenswelt, ihren Lebenswegen und auch von ihren Bewältigungsstrategien zu erfahren. Aber neben den Menschen finden auch Pflanzen und Tiere im Begegnungsgarten eine besondere Beachtung. Bedrohte Tier- und Pflanzenarten haben hier einen geschützten Platz.

Oasen, so wird hier im übertragenen Sinne verdeutlicht, sind notwendige Orte, an denen man nach einer langen Zeit der Dürre, Hitze und Anstrengung wieder zu Kräften kommen kann. Hier kann man essen, trinken, sich erfrischen. Die Vorräte, auch die Kraftvorräte, können neu befüllt werden. Es ist Zeit, sich mit anderen Menschen auszutauschen, sich auszuruhen, um dann gestärkt weitergehen zu können.

Das kurze Eintauchen in die Gefängniswelt beschäftigte uns in den nächsten Stunden noch sehr. Flora und mir blieb insbesondere die kritische Frage der Gefängnisseelsorgerin in Erinnerung, ob Gefängnisse die Gefangenen auf das Leben in Freiheit ausreichend vorbereiten oder sich diese ab der ersten Inhaftierung in einem Teufelskreislauf befinden. Zugleich genossen wir unsere Freiheit, selbstbestimmt zu entscheiden, wonach uns gerade war. Und uns war nach Mirabellen. Die Sträucher am Wegesrand waren voller reifer Früchte, die gepflückt werden wollten. „Warte, da oben die Früchte sehen besonders reif aus“, während ich das sagte, rutschte ich auf Früchten am Boden aus und fiel wie ein kleines Kind mit voller Wucht auf den Hintern. Flora war besorgt, ob ich mich verletzt hatte. Außer meinem Stolz hatte ich mir jedoch nichts verletzt. Ich war weich auf den überreifen Mirabellen am Boden gelandet, Hose und Hände klebten vom Fruchtsaft.

Im Mittelalter gab es sogenannte Strafpilgerreisen. Sie wurden bis ins 13. Jahrhundert nur von geistlichen Gerichten verhängt, später auch von weltlichen Instanzen. Verfehlungen wie Diebstahl, Raub und Beleidigung wurden mit einer Pilgerreise bestraft. Pilgern war zum damaligen Zeitpunkt also nicht nur freiwillige Bewältigungsstrategie, sondern eine religiöse Pflicht oder weltliche Strafe. Die hohe Anzahl von Verbrechern auf dem Jakobsweg trug dazu bei, dass das Bild des Pilgers im Mittelalter zunehmend negativ bewertet wurde.

Am Nachmittag kamen wir in Großenhain an. Peggy, Flora und ich entschieden uns für die Herberge, die in direkter Nähe der innenarchitektonisch beeindruckenden Marienkirche war. Peggy hatte noch einen anderen Pilger im Schlepptau. Ich war dankbar für meine neuen Pilgerfreunde, ärgerte mich aber immer noch, dass ich nicht im Armenhaus Stenz hatte nächtigen können. Ich hatte mich so darauf gefreut.

Bevor wir zum Abendessen aufbrachen, kam ein weiterer Pilger an, dem es offenbar missfiel, dass er die Unterkunft nicht für sich allein hatte. Als er berichtete, dass er aus Königsbrück gelaufen komme, wusste ich, dass *er* es war: der Pilger, der mich spontan um mein Armenhaus beraubt hatte. Möglichst neutral erzählte ich ihm, dass es auch mein Plan gewesen sei, in dem Armenhaus zu nächtigen und ich dieses schon drei Wochen im Voraus reserviert hatte. Darauf antwortete er sehr selbstbewusst: „Du bist ja nicht gekommen." Als ich ihm immer noch freundlich berichtete, wie es gelaufen war, stellte er gleichermaßen selbstbewusst wie zuvor fest: „Da war ja sowieso nur Platz für einen, und ich war schon da." Auf dem Weg zum Abendessen brachte ich meinen neuen Pilgerfreunden gegenüber meine Empörung über diese Rücksichtslosigkeit zum Ausdruck. Zugleich hoffte ich, dass dieser Blödmann nicht mit uns in der Herberge schlafen würde.

Da alle Restaurants Montagsruhe hatten, blieb uns nur ein Dönerladen. Zurück in der Herberge musste ich wenig begeistert zur Kenntnis nehmen, dass Siegbert, wie ich den Herbergsdieb getauft hatte, auch bei uns nächtigte. Flora und ich waren zuvor im Supermarkt shoppen gewesen. Rotwein und Schokolade sollte uns den Abend versüßen. Und natürlich wollte ich kein Schlechte-Laune-Verbreiter sein und bot auch Siegbert etwas an. Doch der mochte weder Alkohol noch Schokolade haben. Stattdessen schwärmte er uns vom Armenhaus vor, dieser „einmaligen Herberge". „Wenn du mal wieder in der Gegend bist, solltest du dort unbedingt nächtigen", meinte er wohlwollend in meine Richtung. Genau das wollte ich nicht hören und nahm noch einen großen Schluck von dem Rotwein.

Am nächsten Morgen brachen Flora und ich zusammen auf. „Ich dachte, du fällst gleich über den her. Der hatte ja null Feingefühl", stellte Flora empathisch fest. „Zum Glück war es so dunkel im Zimmer, dass niemand meinen Gesichtsausdruck sehen konnte", erwiderte ich.

„Heute holen wir den Grünen Pilgerfrosch ein", klärte uns Peggy auf, die sich inzwischen zu uns gesellt hatte. Wir hatten keine Ahnung, von wem sie sprach. Sie hatte immer die Einträge in den Gästebüchern studiert und festgestellt, dass wir dem Grünen Pilgerfrosch, wie er sich nannte, näherkamen. Eine Stunde später schrieb mich Andreas auf facebook an, mit dem ich dort schon seit einiger Zeit befreundet war. Er verfolgte meine Pilgerreise in den sozialen Medien und stellte – ähnlich beobachtend wie Peggy fest –, dass sich heute unsere Wege kreuzen würden, weil ich seit meinem Start in Görlitz recht zügig unterwegs war. Seinen Spitznamen hatte ich noch nicht verinnerlicht, mit diesem beendete er aber seine Zeilen. Er war der Grüne Pilgerfrosch. Die Hintergründe seines selbstgewählten Spitznamens waren offensichtlich. Ein leidenschaftlicher Pilger, der gerne die Farbe Grün trägt. Sein Erscheinungsbild mit langem Rauschbart glich aber eher dem Weihnachtsmann als dem eines Frosches.

Der Weihnachtsmann heißt auf Sorbisch Rumpodich. Als dieser wurde Andreas am Vortag von einer Gruppe Kindergartenkindern identifiziert. Nachdem das erste Kind gerufen hatte „Da kommt der Rumpodich", gab es kein Halten mehr. Alle rannten auf ihn zu, unbeeindruckt davon, dass Sommer war. So euphorisch wurde in der Region bestimmt noch nie ein Pilger begrüßt, auch wenn er – im Gegensatz zum echten Rumpodich – keine Geschenke dabei hatte.

Während Flora, Peggy und ich in Strehla in der kirchlichen Pilgerherberge nächtigten, hatte Andreas ein Pensionszimmer über der Dorfbäckerei gebucht. Ich hoffte so sehr, dass Siegbert nicht wieder bei uns nächtigen würde, da die Gefahr bestand, dass ich mein sonniges Gemüt verlieren würde. Ich mochte diesen Kerl überhaupt nicht.

Ich schlief nicht wirklich gut. Nachts schreckte ich ständig mit Atemnot auf. Aus Orientierungslosigkeit

machte ich meist instinktiv das Licht an, was Flora, mit der ich den Raum teilte, wiederum aufweckte. Aber sie begegnete mir mit einem beruhigendem: „Alles gut, schlaf weiter Jörg."

Am nächsten Morgen erzählte uns Andreas von den skurrilen Vorkommnissen in der Bäckerei. Es war ihm nicht möglich, zu duschen, da das Badezimmer auf der Etage durch eine Gruppe 18-Jähriger besetzt wurde, die dort eine Sex-Orgie feierte. Schlimm war auch Siegbert, der das schwule Bäcker-Paar nötigen wollte, sich bei der Salatgurke zu entschuldigen, die sie ihm servieren sollten – mehr wollte er nicht speisen. Gurken-Siegbert, wie ich ihn nun hinter vorgehaltener Hand nannte, überraschte mich immer wieder aufs Neue.

Unsere Vierer-Gruppe war eine illustre Runde. Erstmals hatte ich so etwas wie eine Pilgergemeinschaft mit mir bis dato fremden Menschen in Deutschland. Wer weiß, ob es ohne Siegbert zu diesem Miteinander gekommen wäre oder ich tagsüber schnellen Schrittes nur ein „Buen Camino“ gewünscht hätte, ohne diese wundervollen Menschen kennenzulernen.

„Du musst jetzt duschen!“

Ich genoss das Pilgern in Gesellschaft. Zugleich war es mir wichtig, in meinem eigenen Tempo unterwegs zu sein. In meiner Familien-WhatsApp-Gruppe zweifelte meine Großcousine Heidi schon seit Tagen an, ob ich zu Fuß unterwegs sei. Etwa 100 Kilometer in den ersten drei Tagen widersprach ihrem Verständnis von einem genussvollen Unterwegssein.

Während Tag 4 gemütlicher vonstatten ging, beschleunigte sich mein Schritt an Tag 5 wieder zunehmend. Am Abend waren Peggy, Flora, Andreas und ich in einer Pilgerherberge verabredet, wo wir auf Matten auf dem Fußboden eines Gemeindesaals einer Kirche nächtigen wollten. Aufgrund mangelnder gastronomischer Angebote wollten wir uns im Ort davor mit Lebensmitteln eindecken. Jeder von uns hatte eine kleine Einkaufsliste bekommen, da der Transport niemandem allein aufgehalst werden sollte.

Andreas, der Grüne Pilgerfrosch, hielt tapfer mit mir Schritt. Doch nach dem Supermarkt mussten wir uns beide stärken. Samt Einkaufswagen setzten wir uns auf den Bordstein neben dem Eingang. Eine Gruppe pubertierender Teenager, die bis dahin dort ihren Nachmittag verbrachte, zog lieber weiter, weil sie offenbar keine Lust hatten, neben uns beiden Obdachlosen abzuhängen. Alle Kunden betrachteten uns argwöhnisch. Vermutlich hatten sie Angst, dass wir uns hier nun regelmäßig niederlassen würden.

Was die Leute über uns dachten, amüsierte den Grünen Pilgerfrosch. Mir war es zunehmend egal. Zugleich befürchtete ich, dass alsbald jemand kommen würde, nicht um uns zu vertreiben, sondern um uns 10 Cent zu spenden.

Gestärkt ging es weiter. Während ich mich in dem eiligen Schritt sehr wohlfühlte, hatte der Grüne Pilgerfrosch zunehmend zu kämpfen. Und kurz vor dem Ziel kam er sogar ins Straucheln. Höchste Zeit, anzukommen.

Mein neuer Pilgerfreund hatte seit 48 Stunden nicht geduscht, und das roch man nun auch. Zugleich war er so erschöpft, dass er erst einmal pausieren musste. Flora schrieb mir, dass Peggy und sie in etwa einer Stunde ankommen würden. Uns stand der Gemeinderaum für die gemeinsame Nacht zur Verfügung. Es roch bereits jetzt wie im Kaninchenstall. „Du musst unbedingt duschen, bevor unsere beiden pilgernden Lehrerinnen ankommen", forderte ich schließlich den Grünen Pilgerfrosch oberlehrerhaft auf. Er folgte der Bitte notgedrungen, wenn auch erschöpft.

Nun feierten wir eine „Pilger-Party", dieses Mal war ich aber nicht allein.

Ab dem 17. Jahrhundert wurden Leute als Muschelbrüder bezeichnet, die sich betrügerisch als Jakobspilger ausgaben. Obdachlose, die weder jemals am Grab des Apostels noch seit langem in ihrer Heimatpfarrei gewesen waren. Pilger trugen bereits damals eine Jakobsmuschel am Hut oder Gewand beziehungsweise brachten sie Muscheln als Souvenirs von ihrer Reise mit. Als Coquillards, oft mit „Muschelbrüder" übersetzt, bezeichneten sich im 15. Jahrhundert die Angehörigen einer kriminellen Bande in Nordfrankreich. Ihre Existenz mag mit prägend gewesen sein für die spätere Bezeichnung der Betrüger im 17. Jahrhundert, die durch die Vorgabe, Pilger zu sein, Vorteile erschleichen wollten.

Wandern oder pilgern?

Bei einer persönlichen Plauderrunde erzählte mein neuer Chef, dass er sich noch nie fürs Joggen begeistern konnte und sich daran wohl auch nichts ändern würde. Der sportliche Wandersmann nahm regelmäßig an 100-Kilometer-Märschen teil, die den aussagestarken Namen Mammutmarsch trugen. Innerhalb von 24 Stunden galt es anzukommen. Dass ich bei einem früheren Versuch nach 57 Kilometern abgebrochen hatte, konnte er nicht verstehen. Sein Prinzip: Zähne zusammenbeißen und das Letzte aus sich rauszuholen! Seine persönliche Bestmarke war, die 100 Kilometer in weniger als 20 Stunden zu schaffen.

Wenn ich von meinen Pilgerreisen zurückkam, war seine übliche Frage die nach den zurückgelegten Kilometern. Nicht immer hatte ich diese parat, weil mich weniger die Entfernungsangaben als die jeweiligen Regionen und ihre Besonderheiten beschäftigten, ganz zu schweigen von den persönlichen Erfahrungen. Manche Skurrilitäten gab ich auch zum Besten.

Wir tauschten uns auch gern über die Strategien zur Vermeidung von Blasen und anderen körperlichen Leiden aus. Neuerdings quälten mich bereits nach einfachen Tagestouren schlimme Fußschmerzen.

Sowohl mein Chef als auch ich gehörten nicht zu den Wanderern und Pilgern, die ständig stehen bleiben, um die Umgebung zu betrachten. Weder lange Pausen noch feinsinnige Aktivitäten am Wegesrand prägten unsere jeweiligen Wege. Auch musste es nicht immer nur die schöne Natur sein – für meinen Chef war das noch weniger bedeutsam als für mich. Das Unterwegssein an sich hatte schon einen Wert.

Eine andere Führungskraft im Unternehmen war mir etwas ähnlicher. Der Fachgebietsleiter war auch bereits gepilgert, ihn zog es aber auf verschiedene Wege. Eine seiner neuesten Entdeckungen war das Grüne Band an der früheren deutsch-deutschen Grenze. Er entpuppte sich als ein lustvoller Wanderer, der keine Kilometer zählte, sondern hier Kraft tankte und mit den begeisterten Augen eines Kindes erwartungsvoll die nächste Tour plante.

Und doch war Pilgern mehr für mich als Wandern: ein spiritueller Weg, der oberflächlich auf das äußere Unterwegssein konzentriert ist, aber innerlich tief berührt. Ich meinte wiederholt, es spüren zu können, ob ich gerade pilgere oder wandere.

Wann ist ein Weg ein „Jakobsweg"? Voraussetzung für eine Revitalisierung ist eine Altstraße, für die histori-

sche Zeugnisse der Pilgerbewegung nachgewiesen werden können. Wichtige Etappenorte der Altstraßen – wie zum Beispiel Kirchen – sind in die neue Wegführung einzubeziehen. Die Wegführung muss erkennen lassen, dass die Route ohne unnötige Umwege nach Santiago de Compostela führt, aber auch ein ungestörtes Pilgern ermöglicht. Verkehrsreiche Straßen sind daher zu meiden, unbefestigte Wege erhalten gegenüber Asphaltstraßen den Vorrang.
Auf dem Jakobsweg werden Distanzen, Grenzen und Sprachbarrieren überwunden. Es werden Verbindungen zwischen Ländern hergestellt und der kulturelle Austausch befördert. Der Jakobsweg hat einen religiös-spirituellen Gehalt. Als Weg der inneren Einkehr und der Begegnung unterscheidet er sich damit von touristischen, ausschließlich auf Landschaft, Geschichte und Kunst orientierten Wegen. In einigen Regionen Deutschlands geraten spirituelle Reisen zunehmend in den Fokus von Tourismusverbänden und Kirchen. Dabei hat sich die Bezeichnung „Spiritueller Tourismus" etabliert. Der Freistaat Sachsen könnte aufgrund der Förderung der Pilgerinfrastruktur hier zukünftig besondere Attraktivität entwickeln.

Eine allgemeine Pilgerweisheit besagt, dass wir – egal was wir auf dem Weg zu suchen glauben – vor allem uns selbst finden. Aber ist es das, was unsere Sehnsucht immer wieder entfesselt? Die Erlebnisse auf dem Jakobsweg kommen der Vorstellung von der Suche nach dem Sinn des Lebens so nah, dass wir es schwer in Worte zu fassen vermögen. Ein Gefühl von Geborgenheit und Verbundenheit. Ein Streben – allen Widrigkeiten zum Trotz – voranzukommen, in die gleiche Richtung zu blicken und doch unterschiedliche Erfahrungen zu sammeln. Die Möglichkeit, frei von Rollen zu sein, die wir glauben erfüllen müssen. Allein sein, ohne dass die Gefahr von Einsamkeit auf uns lastet. Manche verbinden dieses Gefühl mit Gott, andere sprechen von der Magie des Wegs. Der Weg lässt uns unsere Ängste sehen – ohne dabei schwach zu sein. Er entfesselt Leidenschaften, die einem ständigen Wandel unterliegen, und gestattet uns, das Glück im Kleinen wahrzunehmen. Was wir unterwegs entdecken, ist viel und wenig zugleich, es legt die Möglichkeiten offen und zeigt das Potential, das in uns schlummert. Beim Pilgern finden wir viel mehr heraus als nur, wer wir sind. Auf dieser spirituellen Reise können wir erfahren, wer wir aus tiefsten Herzen sein wollen. Das finden wir am besten heraus, indem wir Ballast ablegen oder uns von ihm befreien.

Was kommt mit? Im Internet kursieren zahlreiche Packlisten für den Jakobsweg, ganze Bücher werden sogar damit gefüllt, wie man sich auf das Wesentliche reduzieren kann. Videos runden den Perfektionierungsdrang ab. Auch auf meiner Internetseite www.pilgerwahnsinn.de findet sich eine solche Packliste. Aber Vorsicht, ich gehöre zu den Luxuspilgern. Die Formel, dass der Rucksack nicht mehr als 10 Prozent des Körpergewichts wiegen darf ... pures Wunschdenken für mich. Obwohl ich es auch noch nie ernsthaft versucht habe. Wichtiger ist mir ausreichende Wechselkleidung, auch für den Fall, dass ich abends mal nicht zum Waschen komme. Daher kommt das Prinzip „eine Unterhose angezogen, die andere im Rucksack“ für mich nicht in Frage. Mindestens ein dritter Pilgerschlüpfer sollte dabei sein. Doch der größte Ballast sind keine Objekte, sondern die eigenen

Gedanken. Diese zu verdrängen bringt nichts, aber das Telefonat mit dem Büro zwischendurch ist wirklich toxisch für jede Pilgerreise. Ich brauchte mitunter Tage, die dort aufgeworfenen Fragen wieder loszulassen. Deswegen: Die Arbeitswelt einfach mal hinter sich lassen!

Wanderer zweifeln regelmäßig den Unterschied zwischen Wandern und Pilgern an. Auch sie nehmen sich schließlich eine (kleine) Auszeit vom Alltag, genießen die Natur und lassen ihren Gedanken freien Lauf. Sicher gibt es fließende Übergänge.

Während ich beim Pilgern leicht in meiner „Rolle" aufgehe, sehe ich neidvoll auf Menschen, die es schaffen, den Jakobsweg in den Alltag zu überführen – was auch immer das genau heißen mag. Ich hingegen verliere schnell wieder den Faden und verfalle in alte Muster zurück. Und ich frage mich, wie ich den Teufelskreis aus unnötigen Verpflichtungen und Verlustängsten durchbrechen kann. Erlebe ich mich selbst auf Jakobswegen doch als stark oder zumindest für die jeweilige Situation ausreichend gerüstet.

Wie wichtig sind andere Menschen auf dem Jakobsweg?

Wenn ich vom Jakobsweg erzähle, geht es meist nicht darum, wie schön die Landschaft war oder welch besondere Orte ich durchschritten habe. Vielmehr geht es um die individuellen Erlebnisse. Diese sind zum einen durch körperliche Strapazen geprägt, zum anderen durch die Begegnungen mit anderen Menschen.

Die folgenden Überlegungen speisen sich aus Gesprächen mit anderen Buchautoren und ihren Texten, einer davon ist der Münchner Pilgerreferent Michael Kaminski. Aber auch wissenschaftliche Erkenntnisse, die ich aus den Büchern von Dr. Christian Kurrat entnommen habe, und spirituelle Impulse von Pater Anselm Grün und Pilgerpfarrer Bernd Lohse waren wichtige Informations- und Inspirationsquellen für die Beantwortung der in diesem Kapitel aufgeworfenen Fragen.

Werden auf dem Jakobsweg Kontakte zu anderen Menschen gesucht? Wollen Pilger nicht vielmehr eine Auszeit vom Alltag und den als einengend empfundenen sozialen Bindungen nehmen? Suchen sie statt neuen Kontakten nicht vielmehr die Begegnung mit sich selbst?

Auf dem Jakobsweg bin ich den eigenen Bedürfnissen und Gefühlen sehr intensiv ausgesetzt, nicht abgelenkt vom Rhythmus einer anderen Person oder durch vom Alltag geprägte Routinen. Selbsterkenntnisse treten zutage, die das tägliche Hamsterrad oft nicht zulässt. Der Blick für mögliche Kurskorrekturen im eigenen Leben wird ermöglicht, weil ich viel Zeit für mich selbst habe – ohne dass ermüdende Langeweile eintritt.

Bedeutet die Begegnung mit sich selbst nicht gleichzeitig auch die Begegnung mit Gott? Das Thema Glaube wurde im Mittelalter zweifelsfrei weniger kritisch gesehen, die Verankerung im Glauben galt als gegeben. Ich spreche, so wie viele andere Pilger auch, statt von Gott eher von einem Gefühl der Geborgenheit oder von etwas Bedeutungsvollem. Erlebnisse werden so nicht als zufällig empfunden. Das Kreisen der Vögel im Himmelszelt, die wärmende Abendsonne, der kühlende Regen oder der brausende Wind werden intensiv und symbolträchtig wahrgenommen. Aufbruchstimmung, aber auch niederschmetternde Erinnerungen an Verstorbene und andere Verluste begleiten mich im inneren Gespräch. Ich fühle mich bei dieser turbulenten Achterbahn der Gefühle nicht allein, denn auf dem Jakobsweg umgibt mich eine besondere Magie.

Ist das nicht der Inbegriff der Spiritualität beim Pilgern? Würden da andere Menschen nicht stören? Pilger brauchen auch von Menschen geschaffene Orte als Hilfsmittel, um solche Erfahrungen zu machen. Ohne die Unterstützung von Menschen am Wegesrand wäre der Jakobsweg nur irgendein Wanderweg. Die authentische Begegnung mit Einheimischen zählt seit je zum Pilgern. Vor allem viele zurückgekehrte Pilger haben das Gefühl, etwas zurückgeben zu wollen. In Herbergen wird man mit großer Offenheit empfangen. Menschen öffnen die Türen ihrer Privathäuser und decken Fremden ihren Tisch. Pilger kommen so in eine Geborgenheit hinein, die spirituelle Erfahrungen ermöglicht. Urvertrauen, das wir im Alltag so häufig nicht mehr kennen, bringen uns bis dato fremde Menschen einfach so entgegen, indem uns zum Beispiel der Kirchenschlüssel zu Übernachtungszwecken anvertraut wird.

„Einfach so" stellen Menschen Stühle, Tische und gefüllte Keksdosen raus und laden zum kurzen Verweilen ein. Diese Gesten sind rührend. Durch diese Gastfreundschaft werde auch ich beim Pilgern achtsamer für die ganz wesentlichen Dinge.

Handgeschriebene Schilder mit Kilometerangaben bis Santiago machen deutlich, dass man die Menschen auf ihrer Reise wahrnimmt. Stempelstellen zur Dokumentation, ein freundliches „Buen Camino“ oder ein Segen – all diese Dinge spenden Kraft.

Die Unterstützungsangebote und Gesten sind vielfältig. Sie werden aus menschlicher Offenheit praktiziert und sind nachhaltig prägend für spätere Pilgergeschichten wie in diesem Buch.

Die meisten Pilger berichten zudem von emotional intensiven Begegnungen. Beim Pilgern wird der Smalltalk häufig weggelassen, und man kommt gleich zum Big Talk, zu den existenziellen Fragen. Geschützt durch die Anonymität können wildfremde Leute sehr vertraut miteinander werden. Bei manchen mag dies an der Gewissheit liegen, den oder die andere vermutlich nie wieder im Leben zu treffen und damit nichts preisgegeben zu haben. Viele andere – so auch ich – gehen jedoch von einer ähnlichen Lebenssituation aus, einer Verbundenheit aufgrund einfacher Gemeinsamkeiten. Die Begegnungen mit anderen Pilgern sind häufig durch ein vertrautes Miteinander geprägt, weil die Menschen sich in Sondersituationen ihres Lebens befinden. Es besteht hier eine Offenheit, über sich und das Leben zu sprechen. Der Weg wird geteilt, und durch gemeinsame Herberge und Erfahrungen entsteht Gemeinschaft, die innig und unverbindlich zugleich ist. Nie ist gewiss, ob sich beim nächsten Wegabschnitt die Wege trennen. Durch diese Flüchtigkeit steigt die Bedeutung des Momentes. Dies geschieht am einfachsten, wenn man allein pilgert. Denn die Hemmungen, einen anderen Menschen anzusprechen, sind so deutlich geringer. Anders ist dies häufig, wenn man sich mit einem vertrauten Menschen auf den Weg macht, auf den man sich bezieht und umgekehrt. Eine Pilgerreise mit einer guten

Freundin kann Halt geben, hält aber auch fest. Pilgern heißt für mich, dass ich ausziehe aus alten Gewohnheiten und alles hinter mir lasse, was mich festklammert, damit ich frei sein kann.

Beim Pilgern bin ich ganz im Augenblick, alte Verletzungen und frühere „Großtaten“ treten in den Hintergrund.

Und wohin gehe ich? Egal ob es mir bekannte oder unbekannte Orte sind, ich komme mit dem Gefühl an, willkommen und geborgen zu sein.

Ich möchte meinen, vielen geht es wie mir: Sie laufen gern allein, in ihrem eigenen Tempo. Doch spätestens am Abend in der Herberge treffen alle wieder aufeinander, und das wird sehr geschätzt.

Aber als wer sind wir überhaupt auf dem Jakobsweg unterwegs? Je nach Lebenszusammenhang übernehmen wir eine Rolle, sei es als Kunde im Supermarkt, als Angestellter bei der Arbeit, als Sohn oder Mutter, als Präsidiumsmitglied hier und als einfacher Ehrenamtlicher dort. Niemals ist die ganze Person gefordert, sondern eine bestimmte Dimension des Ichs. Diese verschiedenen sozialen Rollen existieren gleichzeitig und fordern entsprechend andere Dinge von uns. Ganz anders auf dem Jakobsweg. Hier werden wir befreit von den partikularen Rollen oder besser gesagt: Unsere gesamte Persönlichkeit ist eingeschlossen.

Dies führt dazu, dass wir auf dem Jakobsweg Beziehungen mit Personen aufbauen, die wir mit großer Wahrscheinlichkeit im Alltag nicht kennengelernt oder so umfassend wahrgenommen hätten.

Alter, sozialer Status und andere Merkmale des Alltags haben in der Welt des Jakobsweges eine deutlich geringere Bedeutung. Die sozialen Beziehungen wirken zugleich so stark, dass schnell von guten Freundschaften oder der „Camino-Familie“ gesprochen wird.

Die Vergemeinschaftung entsteht meist zwischen Pilgern, die man auf dem Weg oder in den Herbergen trifft. Hier herrscht ein großes Verständnis füreinander, beschreitet man unter ähnlichen Lebensumständen den gleichen Weg zum gleichen Ziel. Auch der Tagesablauf markiert Gemeinsamkeiten. Darüber hinaus stellt die Endlichkeit der sozialen Interaktion einen wichtigen Aspekt dar. So ist jedem bewusst, dass am Abend eine intensive soziale Beziehung aufgebaut werden kann, die bereits am nächsten Morgen beendet wird, weil jeder individuell startet und der eine Pilger von beiden gegebenenfalls viel schneller unterwegs ist und es zu keinem Wiedersehen kommt. Und weil nach Abschluss der Pilgerreise jeder wieder seinen eigenen Weg geht. Dieses permanente Loslassen ist es, das Pilger dazu befähigt, intensiv in der Gegenwart zu leben. Umso intensiver ist dieses Erlebnis, wenn Pilger bewusst darauf verzichten, den Verlauf des weiteren Weges steuern zu wollen. Vielmehr übertragen sie ihr Schicksal an eine transzendente Instanz, was sich in dem Spruch äußert: „Wenn es sein soll, treffen wir uns wieder.“ Endlichkeit und Abgabe der Steuerungshoheit erscheinen hier als Voraussetzung für die besondere Nähe zu anderen Pilgern. Die damit einhergehende Verpflichtungsfreiheit gegenüber anderen steht dabei in einem starken Kontrast zu den verbindlicheren sozialen Beziehungen im Alltag.

Die Verbundenheit zur Welt der Pilger kann aber auch ungleichzeitig erfolgen. Jeder Pilger, der sich bewusst macht, dass er auf den Hunderte Jahre alten Pfaden früherer Pilger unterwegs ist, kann daher eine

Verbundenheit mit Menschen entwickeln, die er nie zuvor getroffen hat oder die weit vor seiner Geburt lebten. Deutlich wird dies an Stellen, wo Pilger zum Beispiel durch das symbolische Ablegen einer Last Spuren hinterlassen haben. Heutzutage können durch Pilgerforen und andere Austauschplattformen im Internet ähnliche Funktionen entstehen.

Pilgern ermöglicht durch vielfältige menschliche Begegnungen einen Perspektivwechsel. Hier kann man etwas erleben und Teil eines großen Ganzen werden, ohne sich und seine individuellen Bedürfnisse zu verlieren.

Perfekte Momente lassen sich nicht konservieren

Wer einmal pilgert, der pilgert immer wieder. Voller Begeisterung von früheren Erlebnissen begeben wir uns wieder auf den Weg, in der Hoffnung, dass es wieder so kommen möge. Und dann das: Alles ist anders. Derselbe Weg zur selben Jahreszeit kann mitunter ganz anders sein. Angesichts des Pilgerbooms, der zum Zeitpunkt der Veröffentlichung dieses Buches nach dem coronabedingten Rückgang unzweifelhaft wieder eingesetzt haben wird, werden die Wege recht voll sein. Einige Herbergen werden die Krise nicht überstanden haben oder ihre Öffnungszeiten eingeschränkt haben. Womöglich konkurrieren große Pilgergruppen mit uns um die wenigen Betten. Pilgeranfänger haben womöglich höhere Ansprüche an die Unterkunft. Wo zuvor noch der gesellige Abend stattgefunden hat, fühlen wir uns Jahre später auf einmal fehl am Platz. Wenn uns der Camino etwas lehrt, dann, dass sich perfekte Momente nicht konservieren lassen. Sie lassen sich nicht auf Kommando herbeisehnen, sondern finden einfach statt.

Es gibt einen guten Grund, dass wir auch in der schönsten Herberge nur eine Nacht verbringen und keine zwei Wochen. Pilgern bedeutet nicht verweilen, sondern weitergehen – ohne zu wissen, wie die Unterkunft in der nächsten Nacht sein möge. Ohne konkrete Erwartung lassen wir uns überraschen, was der Weg uns bringt.

Pilgern heißt sich verändern. Wir können nicht bleiben, wer wir waren, sondern müssen schauen, wie wir uns den veränderten Umständen anpassen oder selbst zur Veränderung beitragen.

„Das christliche Leben ist nicht Frommsein, sondern ein Frommwerden, nicht ein Gesundsein sein, sondern ein Gesundwerden, nicht ein Sein, sondern ein Werden, nicht eine Ruhe, sondern eine Übung“ (Martin Luther im Jahr 1521).

Nach wenigen Tagen trennten sich wieder die Wege von Flora, Peggy, Andreas und mir. Es war wunderschön mit ihnen, aber wir bewegten uns nicht im gleichen Tempo. Auch Gurken-Siegbert, der eher wie ich schnellen Schrittes unterwegs war, habe ich nicht wieder gesichtet.

Schneller als gedacht kam ich in Leipzig an. Wie bereits bei Pilgern im Mittelalter hieß es auch für mich: „Durch Leipzig musst du durch.“ Während die Querung von Nord nach Süd auf der Via Imperii mir sehr gefallen hatte, quälte ich mich auf der Ost-West-

Achse auf der Via Regia eher durch die Großstadt. Eine Ablenkung zu viel durch das Smartphone, und ich hatte mich schon wieder verlaufen.

Meine letzte Übernachtung sollte in Merseburg sein. Ja, ich war inzwischen in Sachsen-Anhalt angekommen. Kein Vorbuchung. Bis fast auf die letzte Minute wartete ich mit meinem Anruf. Es war gegen 17 Uhr. Auf einer Bandansage wurde mir eine Telefonnummer mitgeteilt, die ich anrufen sollte. Unter dem nächsten Anschluss wurde mir wieder eine andere Nummer gegeben. Einen Schlafplatz in Merseburg musste man sich echt verdienen. Schließlich hatte ich einen netten älteren Herrn am Apparat. Um 18 Uhr sollte ich mich in der Pilgerkirche einfinden, wo die Schlüsselübergabe stattfinden sollte. Zum Glück war ich von meinem Zielort nicht mehr weit entfernt.

Ein anderer Pilger war schon da. Ich musste sofort an Gurken-Siegbert denken. In der Kirche war es schön kühl. Auf der Empore standen Feldbetten. Auf dem kleinen Tisch in der Mitte lag ein Gästebuch. Der Vordereingang der Kirche wurde – sehr mittelalterlich – mit einem dicken Balken zugesperrt. Der Publikums-

verkehr war damit für heute beendet. Für den Hinterausgang bekamen wir einen Schlüssel. Wir, das waren ein älterer Pilger und ich. Von Siegbert keine Spur.

Eine Dusche gab es hier – ebenso wie im verpassten Armenhaus Stenz – nicht, aber auf der Toilette war zumindest ein Waschbecken mit fließend Wasser. Mein Pilgerkollege war zum Glück viel umgänglicher als Siegbert. Sein Schnarchen tönte nachts durch den ganzen Kirchenraum und fand seinen Widerhall in den alten Gemäuern. Es war nun nicht mehr kühl, sondern regelrecht kalt. Und feucht. Als ich früh aufwachte, machte ich ein Selfie für meine Familie. Ich sah richtig fertig aus, erholsam war diese Nacht nicht. Aber ich fand es fantastisch, in einer Kirche geschlafen zu habe. Mein erster Morgengruß ging an Jesus am Kreuz. Das Kreuz wirkte am Morgen noch gewaltiger.

Noch oft erzählte ich später Freunden von dieser Nacht. Eine Nacht, die das sommerliche Pilgerabenteuer perfekt abrundete. Ich machte eine neue Erfahrung und holte vermeintlich Verpasstes nach. Spontan hatte ich diesen besonderen Ort entdeckt, den ich jedem anderen Pilger als Übernachtungsort empfehlen, aber nicht jede Nacht für die eigene Übernachtung anstreben würde. Was für den Moment perfekt für mich war, sollte zugleich nur in seiner Einmaligkeit erstrebenswert sein.

Bis Naumburg wollte ich es noch schaffen an diesem Tag. Unterwegs chattete ich mit Roland. Der geduldige Erlebnispädagoge wollte wissen, ob ich auch am diesjährigen Pilgertreffen teilnehmen würde. Die Antwort war: Ja. Roland war selbst ein passionierter Pilger und vermochte es zugleich, nicht sich und seine Erfahrungen, sondern eine abwechslungsreiche Pilgeragenda mit lokalen Entdeckungen, Kulturprogramm und Pilgergeschichten Dritter in den Mittelpunkt zu rücken. Darauf war ich schon wieder sehr gespannt.

Naumburg-Roßbach: Hier versprach es wieder eine schöne Herberge zu geben. Aber der Tag war lang, und ich freute mich aufs Ankommen. So ging es statt zur Herberge zum Bahnhof und dann in der Ersten Klasse zurück nach Berlin. Sosehr ich die Einfachheit der Unterkünfte schätzte, beim Reisen mochte ich etwas Komfort.

Ich versprühte einen ähnlichen Charme wie der ungeduschte Grüne Pilgerfrosch. Die Wanderschuhe hatte ich zum Leidwesen meiner Mitreisenden nach dem Umstieg in Leipzig ausgezogen. Die Reste des angebrochenen Weins des Vorabends waren in einer Plastikflasche abgefüllt und verschaffte mir eine heitere Zugfahrt. Das Klischee eines ungepflegten Vagabunden erfüllte ich nun definitiv. Mein Ticket zeigte ich schnell vor, bevor jemand auf die Idee kam, mich der Ersten Klasse zu verweisen. So selbstverständlich empfand ich mein neues Erscheinungsbild nämlich noch nicht.

Welches Ansehen genossen Pilger früherer Epochen? Pilgern war lange Zeit eine prestigeträchtige Angelegenheit, um sich später als Weltreisender bewundern zu lassen. Diese Haltung kommt durch die Vita des rheinischen Ritters Arnold von Harff besonders gut zum Ausdruck, der Ende des 15. Jahrhunderts Rom, Jerusalem und Santiago bereiste. Ab dem 16. Jahrhundert nahm die Resonanz für das Pilgern jedoch ab, Santiago entwickelte sich zunehmend von einem Sammelpunkt der europäischen Christen zu einem Ort spanischer Pilger.

Der Niedergang des Pilgertums gründete unter anderen auf der Reformation und Kriegen. Aber auch die Verarmung breiter Bevölkerungsschichten trug erheblich dazu bei. Durch Missernten und starkes Bevölkerungswachstum zählte fast vier Prozent der Bevölkerung Europas zu den vagabundierenden Armen. Betteln und vagieren wurde jedoch bestraft. Wer erst einmal so abgerutscht war, der konnte als Ehrloser kaum noch sesshaft werden. Viele Arme zogen umher, als Flucht vor Bestrafung und zugleich als Lebensweise. Das dichte Netz an Herbergen auf dem Jakobsweg zog diese Menschen an. Der Jakobspilger wurde als „Muschelbruder" zum Inbegriff des Asozialen. Auf die unzähligen – aus der Not erwachsenen – Eigentumsdelikte reagierten die Verantwortlichen, indem sie die alte Bestimmung, jeder Pilger dürfe nur drei Tage in der Stadt bleiben, erneuerten und jeden, der sich nicht daran hielt, an den Pranger stellten oder auspeitschten.

Im 17. Jahrhundert war die Pilgerreise nach Santiago de Compostela endgültig zur Armenreise geworden. Für Adlige und Bürgerliche war der Jakobsweg nicht mehr interessant.

5 – Und was kommt als Nächstes?

Pilgerfreude für alle

Es gibt den Spruch mit dem Glück, das nicht weniger wird, wenn man es teilt. Diese Weisheit lässt sich auf verschiedene Lebenssituationen anwenden, so auch aufs Pilgern.

Ich liebe es, allein unterwegs zu sein. Und zugleich macht es mir große Freude, von meinen Pilgererlebnissen zu berichten. Ich tat dies zunächst im Freundes- und Familienkreis, dann in der Kirchengemeinde meiner Eltern, schließlich schrieb ich – wie viele andere Pilger auch – ein Buch. Mir unbekannte Menschen schrieben mir Briefe und teilte in Kommentarspalten im Internet mit, dass sie sich mit mir und meinen Geschichten sehr identifizieren könnten. Pilgern ist mein Schatz, mein Glück, nirgendwo fühle ich mich so frei und kann als Individuum ich selbst sein. Und zugleich geht es ganz vielen Menschen so.

Besonders berührt haben mich Zuschriften wie die aus einer Bibliothek für Menschen mit Behinderung in Österreich, wo sich ein Leser mein Buch gewünscht hatte. Da alle Anschaffungsetats ausgereizt waren, wurde ich um eine Buchspende gebeten, der ich gern nachkam. Ein Foto eines freudestrahlenden Mannes wurde mir wenige Tage später per E-Mail gesendet. So groß die Freude bei ihm und seinen Betreuern auch war, ebenso bereitet mir diese Reaktion ein warmes Gefühl ums Herz.

Auch in Pilgerforen im Internet tauchen immer mehr Berichte von Menschen auf, die nach einer schweren Erkrankung nicht nur Bücher übers Pilgern lesen, sondern sich selbst auf den Weg machen.

Im näheren Umfeld in Berlin lernte ich eine positiv gestimmte Frauenselbsthilfegruppe namens „Pilgern gegen Krebs" kennen. Sie gehörte zu den ersten Nutzerinnen des in Berlin neu ausgeschilderten Weges.

Kommentar im Internet zu meinem ersten Buch „Pilgerwahnsinn – Warum der Jakobsweg süchtig macht":

Lieber Jörg Steinert, mit dem „Pilgerwahnsinn" ist dir ein Buch gelungen, was mich schmunzeln, laut lachen, schwitzen, frieren und mitleiden lassen hat. Kurz gesagt, du hast mich mitgenommen! Ich bin im August 2021 von Frankfurt-Oder bis zum Brandenburger Tor gepilgert. Nicht nur einmal war die Rede von dir und deinem Buch, nein, wir sind an einem großen Banner vorbeigekommen, und natürlich gibt es Fotos, wo wir vor dem Wandgemälde stehen. 140 km in Brandenburg und Berlin sind kein Vergleich zu deinen absolvierten Strecken in Frankreich und Spanien. Und doch sind sie es sehr wohl. Denn Pilgern ist Wahnsinn. Wahnsinn für die, die deine/unsere Leistung bewundern oder den Kopf schütteln. Wahnsinn für den Körper, und doch schafft er es. Wahnsinn für die Seele, was man über sich, über andere, über außen und innen erfährt. Pilgerwahnsinn eben! Ach ja, ich informiere mich gerade über den Ökumenischen Pilgerweg Görlitz – Vacha.

Durch Kommentare und Leserbriefe wie diesen habe ich gemerkt, dass ich das Buch zwar in erster Linie für mich selbst geschrieben habe. Mein erstes Tagebuch, wenn man so will. Doch mir war tatsächlich ein Buch gelungen, das auch andere Menschen zu erreichen vermochte, und mit der Pilgerkarikatur auf dem Buch-Cover sogar ein kleines Symbol für die Leichtfüßigkeit beim Pilgern trotz schwerem Rucksack.

Pilgern, das ist doch diese Sache mit den körperlichen Anstrengungen. Ist das nicht nur etwas für junge, für gesunde und besonders sportliche Menschen? Ganz gewiss nicht! Ja, Pilgern ist kein schonender Erlebnisurlaub, aber Pilgerwege sind inklusive Wege beziehungsweise entwickeln sich immer mehr in diese Richtung.

Erst kurz vor Beendigung dieses Buches schrieb mir eine an Multiple Sklerose erkrankte Frau, dass sie plane zu pilgern. Ihre Unsicherheiten waren groß. Aber bereits der Gedanke daran, dass sie so etwas Herausforderndes wie Pilgern machen würde, bereitete ihr große Freude.

Pilger-Skat: Im Heiligen Jahr 2021 hat die Pilgerstelle im Bistum Limburg gemeinsam mit der Stabstelle Inklusion ein Skat-Kartenspiel für Pilger entwickelt. Das Blatt mit 32 liebevoll gestalteten Karten wurde von der „Aktion Mensch" gefördert. Im Unterschied zu einem regulären Skat-Spiel stehen auf den Karten Bibelzitate oder Fragen, die zum Nachdenken anregen. Zudem wurden die Karten mit Pilgermotiven illustriert, die Menschen verschiedener Altersgruppen und Herkünfte zeigen sowie Menschen mit körperlichen Beeinträchtigungen.

Pilgern ist inklusiv, nicht exklusiv. Daher verfängt auch der Spruch „Das macht doch jetzt jeder" nicht. Ja, jeder und jede kann pilgern. Unabhängig von Alter und Geschlecht, egal ob mit oder ohne Unterstützungsbedarf. Aber auch unabhängig von Religions- und Konfessionszugehörigkeit.

Seit je pilgern Menschen. Das Ganze kann sich auch heute noch in einem kirchlichen Rahmen bewegen, muss es aber nicht. Pilgern wurde damit in den vergangenen Jahren zunehmend zu einer weitestgehend selbstbestimmten Praxis. Heutige Pilger haben Abschied genommen von Grenzziehungen zwischen zulässigen und verbotenen (religiösen) Handlungen. Sie sehen sich selbst auch nicht als besonders fromm an, immer mehr auch nicht als religiös, aber viele als spirituell.

Seit den 1990er-Jahren gibt es eine Diskussion darüber, was „pilgergemäß" ist. Zum einen sehen viele Fußpilger Radpilger kritisch und sprechen mitunter denjenigen, die ab und zu mit dem Bus fahren, ab, „echte Pilger" zu sein. Da immer weniger Menschen im Pilgerbüro von Santiago religiöse Gründe angaben, wurde die Kategorie „religiöse und spirituelle" Gründe eingeführt. Die Dominanz dieser spirituellen Dimension scheint kirchlicherseits zugleich mit gemischten Gefühlen gesehen zu werden, weil sie in der Pilgerstatistik als „religiöse und andere Gründe" geführt wird.

Bereits als Student der Politikwissenschaft tat ich mich mit zentralen Begrifflichkeiten und ihrer Definition schwer. Ebenso ergeht es mir als Pilger, der den Begriff der „Spiritualität" vor sieben Jahren für sich entdeckt hat und sich ihm bisher nur auf eine Gefühlsebene zu nähern vermochte. Und dennoch vertrete ich – wie viele andere Pilger – die These, dass Pilger sich vor allem aus spirituellen Gründen auf den Weg machen. Doch was heißt das?

Spirituelle Pilger sind ein Ausdruck eines tiefgreifenden Umbruchs im Glaubens- und Wertekanon der Menschen. Nicht autorisierte kirchliche Vorgaben, sondern Grenzen sprengende Kräfte leiten sie.

Christliche Spiritualität kann als geistliche Lebensform der Hingabe an Gott, kollektiv verwirklicht unter anderem durch Klöster, individuell wahrgenommen zum Beispiel durch Gebet, verstanden werden. Bereits in den 1960er-Jahren betonte der katholische Theologe Alfons Auer, dass es die spirituelle Pflicht der Christen sei, auch die Arbeit in das Licht des Glaubens zu rücken. Im Vergleich zu dieser christlichen Deutung ist Spiritualität im Allgemeinen allenfalls umschreibbar als Sehnsucht, Offenheit und Öffnung des Menschen für das Geheimnis seines – rational nicht verrechenbaren – Lebens.

Spiritualität hat ihre institutionelle Verankerung im Glauben – zum Leidwesen der Kirchen – weitestgehend verloren. Immer mehr Menschen in Europa verlassen die Kirchen. Und sogar nur eine Minderheit der verbliebenen Kirchenmitglieder hat ein kirchenkonformes Gottesbild. Sie glauben zwar an überirdische Dinge, aber in Form spiritueller Kräfte. Die Sehnsucht nach einem Geheimnis hinter dem Alltagsleben bleibt vorhanden. Folglich greift eine individuelle Spiritualität immer stärker um sich. Mit Spiritualität steht ein „Sammelbegriff" für die Bezugnahme auf Transzendentes bereit, ohne sich jedoch – wie in früheren Jahrhunderten – zwangsläufig institutionell zu binden. Das damit einhergehende Fehlen eines dogmatischen Kerns wird von heutigen Pilgern durch Erfahrungen ausgeglichen. Diese Dimension der Erfahrung ist eine Schlüsselkategorie für das heutige Verständnis von Pilgern. Und auch unter Theologen wird darauf hingewiesen, dass religiöses Dogma und damit einhergehendes moralisches Gebot nur dann Gehör finden können, wenn sie in persönlichen Erfahrungen aus erster Hand vermittelt werden.

Wer eine Erfahrung gemacht hat, hat selbst etwas durchgemacht. Wer kennt ihn nicht, den Satz: „Das musst du selbst erlebt haben. Das kann man nicht erklären."

Spirituell sein bedeutet dabei immer weniger, ein festes Lebensziel vor Augen zu haben und seine Lebensführung danach auszurichten. Vielmehr geht es darum, sich auf den Weg zu machen, um ein solches Ziel zu finden.

Keine Religion oder Konfession kann das Pilgern *für sich* allein beanspruchen. Pilgern ist etwas, das jedem Menschen die Möglichkeit gibt, sich selbst neu zu erfahren.

Es ist nicht wichtig, welcher Weg beschritten wird, entscheidend ist, neue Wege in sich selbst zu entdecken. Wo wäre das einfacher möglich als in einer fremden Umgebung fern der täglichen Routine – auch im eigenen Land.

Wenn die heutigen religiösen Institutionen dies ernst nehmen wollen, dann müssen sie resonanzfähiger werden für die Fragenden. Damit verbunden wäre ein Selbstverständnis weniger als Kirchen der Antworten, sondern als Gemeinschaften der Suchenden.

Es gibt kaum eine Frage, die ich schon so oft verneinen musste: Bist du katholisch?

Die Annahme, dass man als Pilger Katholik sein müsse oder zumindest eine tiefe, wenn auch nicht institutionalisierte Form von Gottesglauben in sich trage, entspricht dem Weltbild vieler Nicht-Pilger.

Und auch ein Vertreter der katholischen Kirche stellte mir gegenüber einmal fest, dass man nie vergessen dürfe, wer es erfunden hat.

Dies bringt mich unweigerlich zu einer anderen Frage, auf die ich immer und immer wieder die gleiche Antwort gebe: Wem gehört der Jakobsweg? Allen!

Ein länderverbindender Kulturweg, ein Sehnsuchtsweg, den sich inzwischen Gläubige und Ungläubige, Suchende und Zweifelnde teilen. Ein Weg, der älteren und jüngeren Menschen gleichermaßen offensteht. Ein Weg, der keine soziale Klasse kennt und den inzwischen auch immer mehr kranke Menschen gehen.

Ein Weg, der wie das Glück und die Liebe ist. Wenn man ihn teilt, ist für andere nicht weniger übrig – außer vielleicht mal ein Bett. Ein Weg, der erst durch die vielfältigen Menschen zu dem geworden ist, was er ist. Ein Weg, der sich vom engen Korsett der Amtskirche emanzipiert hat und zugleich Teil von ihr geblieben ist. Aber auch ein Weg, dessen Ausschilderung in Deutschland bürokratischen Hürden unterworfen ist, von denen man in Spanien sicher noch nie gehört hat.

Pilgern: Ist das nicht eine zu religiöse Sache für mich? Ist das nicht zu nah dran an Kirche, mit der ich eigentlich nichts am Hut habe und die ich kritisch sehe? Als ich das erste Mal pilgern war, befürchtete ich, dass man mir kirchlicherseits vorzuschreiben versucht, wie ich mich „richtig" zu verhalten habe. Doch ich habe erfahren: Pilgern ist individuell gestaltbar und kann Spaß machen. Ich selbst entscheide, welche Nähe oder Distanz ich zu kirchlichen Angeboten haben möchte. Auch wenn ich eine kritisch distanzierte Haltung zu Kirchen bewahrt habe: Ja, ich nutze sehr wohl kirchliche Angebote auf dem Jakobsweg. Hier kann ich unterwegs Kraft schöpfen und in Stille verweilen.

Wallfahrt nach Tuntenhausen

Dorfen bei München. Klingt nach einem Dorf, aber es handelt sich um eine richtige kleine Stadt. Das ist aus Sicht eines Berliners nicht despektierlich gemeint. Aber es ist halt eine andere Welt, die ich erst einmal einordnen musste.

Meine Pilgerfreundin Christine ist hier zu Hause. Und hier sollte – zunächst mit dem Zug – unser Wochenendpilgern auch beginnen.

Während ich die schicke Gegend um die Seen im Münchner Süden überwältigend fand, war Christine von dem Schickimicki-Getue eher abgestoßen.

Landschaftliche makellose Schönheit wie aus dem Bilderbuch. Ich genoss es. Aber beim Pilgern geht es nicht ums Perfekt-Sein!

Aus München pilgert man immer entlang der Isar. Richtung Allgäu, vorbei an unzähligen Kirchen und Klöstern im so genannten Pfaffenwinkel führt der Weg entlang der Ufer des Starnberger Sees und des Ammersees. Im Kloster Andechs kann man als Pilger für wenig Geld übernachten. Verschiedene Wegvarianten führen schließlich zum Bodensee, von dort geht es weiter durch die wunderschöne, aber auch teure Schweiz.

Unsere Nacht verbrachten wir in Andechs. „Hast du schon ein Bier getrunken?", fragten mich ständig Familie und Freunde in Textnachrichten auf dem Smartphone. Ich fand diese Klischeevorstellung vom biertrinkenden Bayern etwas übertrieben. Aber natürlich hatte ich in der Klosterschenke mit einem dunklen Starkbier meinen Durst gestillt. Bier aus Andechs, einer traditionsreichen bayerischen Klosterbrauerei, war mir zugegebenermaßen nicht geläufig. Was für die anderen eine Selbstverständlichkeit war, musste ich zunächst neu entdecken.

Auch wenn die Berge noch in weiter Ferne waren, der Blick auf diese war ein Augenschmaus. Und gleichzeitig fragte ich mich, worin sich Pilgern von anderen Formen des Unterwegsseins unterscheidet.

Lange Zeit wusste ich nicht, was der Unterschied zwischen Pilgern und Wandern ist. Noch schwieriger fiel mir die Unterscheidung zwischen Pilgern und einer Wallfahrt.

Meine Pilgerfreundin Maria, die jüngere Schwester von Christine, hatte schon viele Wallfahrten gemacht. Nicht nur deshalb, weil sie im katholischen Oberbayern aufgewachsen ist, sondern auch, weil sie die Geselligkeit bei den Wallfahrten schätzt. Hunderte Menschen, die gleichzeitig aufbrechen. Die gemeinsam singen, essen, beten und laufen.

Während Pilgern, wie ich es erfahren habe, eine individuelle Reise ist, scheint die „Wallfahrt" ein durch Gemeinschaftsaktivitäten geprägtes Unterfangen zu sein, welches auf mich weniger faszinierend wirkt. Wobei ich mir manchmal wünsche, auch Begeisterung für solche Gruppenaktivitäten entfalten zu können.

An diesem Nachmittag zeigte mir Christine die Dorfener Kirche. Bereits der Papa von Christine und Maria mochte die Teilnahme an der jährlichen Wallfahrt von Dorfen nach Tuntenhausen sehr. Als es jedoch mit dem Gehen schwieriger wurde, setzte seine jüngste Tochter Maria die Familientradition fort. Jedes Jahr, zwei Wochen nach Ostern, starten etwa 150 Menschen in Dorfen. Menschen verschiedener Generationen aus der Region. Meist in Zweierreihe laufend werden abwechselnd Rosenkränze gebetet.

Maria gefällt das Ganze so gut, dass sie schon über 20-mal an der Wallfahrt teilgenommen hat. Immer freitags startet die Wallfahrt, die beiden Übernachtungen müssen vorher individuell gebucht werden. Der Gepäcktransport ist stets zentral organisiert, ebenso die Gastwirtschaften, in denen man unterwegs einkehrt. Einfache Speisen wie Suppen, Weißwürste und Kuchen sind vorbereitet. Zuvor gibt es meist unterwegs eine einfache Brotzeit, die jeder selbst mitgebringt.

Maria empfindet das langsame Voranschreiten in der Gruppe und die ständigen sprachlichen Wiederholungen sehr meditativ. Zwar sind es nicht immer die gleichen Personen, aber viele von ihnen schließen sich Jahr für Jahr wieder der Gruppe an.

Stehen bei einer Gruppen-Wallfahrt das Ziel im Fokus des spirituellen Erlebnisses und bei einer Pilgerreise die Erfahrungen auf dem Weg dorthin? Fein säuberlich getrennt werden können die Begriffe meines Erachtens jedenfalls nicht.

Ob „Wallfahrt" oder „Pilgerschaft": Ursprünglich war es das Vorhaben, sich auf den Weg zu machen zu einem heiligen Ort, der eine größere Nähe zu Gott verspricht. Die Tradition des Pilgerns zu wichtigen religiösen Zentren gibt es in allen Religionen. Die Erfahrung gläubiger Menschen, auf bestimmten Wegen oder an besonderen Orten die Nähe Gottes in besonderer Weise zu erleben, hat den Jahrtausende alten Brauch des Pilgerns begründet. Das Wort „pilgern" kommt vom Lateinischen *pergere* beziehungsweise *per agere* und bedeutet ursprünglich „jenseits des Ackers" oder

„in der Fremde“. Pilgern heißt also „in der Fremde unterwegs sein“. Diese Bedeutungen erschließen den tieferen Sinn des Pilgerns: Es beschreibt eine Grundhaltung des Menschen, denn als Menschen sind wir immer unterwegs, immer auf der Suche. Im Mittelalter war das sozusagen die christliche Definition des Menschen: Als Mensch ist er „im Pilgerstand“. In diesem Sinne ist Pilgern eine religiös und inzwischen auch weltlich konnotiert-spirituell motivierte Reise.

Trotz vieler Berührungspunkte unterscheiden sich aber individuelle Pilgerreise und organisierte Wallfahrt: Während bei einer Wallfahrt Anliegen, Ziel und Dauer im vornhinein feststehen, sind es beim Pilgern die individuellen Erfahrungen und Erlebnisse unterwegs, die die Pilgerreise attraktiv machen.

Mit Beginn der Heiligenverehrung wurden die Gräber der Märtyrer und Heiligen zu Anziehungspunkten von Pilgern. Seit dem 4. Jahrhundert setzte die Verehrung der sterblichen Überreste der Heiligen, der Reliquien, ein, denen im Mittelalter übernatürliche Kräfte zugesprochen wurden. Zu dieser Zeit war die Hoffnung auf Heilung einer der wichtigsten Beweggründe. Ein regelrechter „Pilgerboom“ setzte ein: Freiwillige Bitt- oder Dankpilgerreisen prägten die mittelalterliche Frömmigkeit ebenso wie die im Spätmittelalter auferlegten Buß- oder Strafpilgerfahrten. Auftragspilger machten sich im Namen anderer Menschen auf den Weg – gegen Entlohnung natürlich –, um für sie diese verordneten Pilgerfahrten zu erledigen. Die Reformatoren übten scharfe Kritik an der spätmittelalterlichen Pilgerpraxis, in der Aufklärungszeit verboten auch von katholischen Monarchen wie dem Wiener Kaiser

Joseph II. In der Folge der Reformation und der politischen Auflösung des Heiligen Römischen Reiches ging das Pilgern nach Santiago de Compostela mehr und mehr zurück und lokale, kirchlich organisierte Wallfahrten traten katholischerseits an seine Stelle. Andererseits individualisierte sich das Pilgern: Zwang und feste Regeln für Pilger gehörten zunehmend der Vergangenheit an, und das Prinzip der freiwilligen und privat motivierten Reise setzte sich durch. Heute gehört gerade diese Unabhängigkeit auf Jakobswegen zu den Gründen, die das Pilgern wieder so populär machen: Freiheit in gegenwärtiger Gemeinschaft von Pilgern in jahrhundertealter Tradition.

Egal welchen Weg Menschen gehen und mit welcher Überzeugung: Pilger sind immer auch auf der Reise zu sich selbst. Der bedeutendste deutsche Prediger des Spätmittelalters, Johann Geiler von Kaysersberg, meinte, dass eine eher innerliche Pilgerreise den wahren Christen forme.

Erst seit einigen Jahrzehnten ist das Pilgern in Europa von einer breiten Öffentlichkeit wiederentdeckt worden. Wiederentdeckte Wege und der Wunsch nach Entschleunigung locken viele Menschen auf den „Camino“ – das spanische Wort hat inzwischen einheitlichen Eingang in den Sprachgebrauch der internationalen Pilgerfamilie gefunden.

Hatten die meisten Menschen im Mittelalter keine anderen Fortbewegungsmittel als die eigenen Füße, ist diese Sehnsucht nach Einfachheit in der Gegenwart eher ein Luxusgut, das das eigene Leben ordnen oder durcheinanderbringen soll. Dabei entdecken viele Menschen die Form des Pilgerns für sich.

Der Pilger dankt

Pilgern in Deutschland unterscheidet sich vom Pilgern in Spanien. Internationale Pilgerfreundschaften sind hier eher nicht zu erwarten. Die Wege sind inzwischen zunehmend gut ausgeschildert. Und auch die ein oder andere inländische Pilgerbegegnung und mitunter sogar Freundschaft kommt zustande. Besonders die Pilgerinfrastruktur in Sachsen hatte es mir angetan, da das Herbergsnetz nirgendwo in Deutschland so gut und authentisch ist.

Im Februar 2022 wurde ich 40 Jahre. Wenn ein Alter die Mitte des menschlichen Lebens markiert, dann die 40. Auf große Party hatte ich keine Lust.

In Bautzen war ich im Sommer zuvor auf eine Pilgerwegkreuzung gestoßen. Ökumenischer Pilgerweg und Sächsischer Jakobsweg verlaufen von hier an in getrennte Richtungen. Ich war damals weiter Richtung Leipzig gepilgert, auf dem Ökumenischen Weg. Nun lockte mich der Sächsische Weg. Während mir Pilgerreisen sonst nicht lang genug sein konnten, wollte ich dieses Mal maximal eine Woche unterwegs sein. Und da ich es genoss, große Städte auf dem Jakobsweg zu verlassen, aber das Hineinpilgern weniger schätzte, startete ich in Dresden. An meinem Geburtstag wollte ich in meiner Geburtsstadt Zwickau ankommen. Und im kleinen Kreis feiern. Aber meine „Stalkerin“ war mir wieder auf den Fersen …

Am Dresdner Hauptbahnhof warteten Seyran und das LKA. Wir wollten zusammen starten, uns aber mehr Freiheiten als auf der letzten Pilgerreise lassen, jeder in seinem Tempo.

Es war ein sonniger Tag im Februar. Es herrschte ein eisiger Wind. Ich war perfekt vorbereitet. Doch gleich bei der Anreise hatte ich eines der wichtigsten Kleidungsstücke für eine Winterpilgertour verloren, ich hatte meine Wintermütze im Zug liegen lassen. Kein Problem, Seyran zückte zwei Stirnbänder aus ihrem Rucksack, die sie mir fünf Tage später sowieso zum Geburtstag schenken wollte. Darauf warten machte keinen Sinn. Und der Verlust meiner Mütze war gleich wieder vergessen.

Ein Stück des „Dresdner Revolutionsweges" führte uns schließlich direkt zum Jakobsweg, der bis Zwickau durchgehend gut ausgeschildert war.

Aber zum Pilgern gehört nicht nur eine gute Ausschilderung, sondern auch eine gute Infrastruktur. Einkaufsmöglichkeiten für Lebensmittel am Wegesrand nahm ich immer wieder mit Freude wahr. Was mich jedoch ärgerte, war – entgegen den damaligen gesetzlichen Bestimmungen – die große Anzahl an Maskenverweigerern in den Supermärkten. An den Gartenzäunen standen wütende Forderungen, wie zum Beispiel den Ministerpräsidenten wegen des „Coronawahnsinns" – wie die Bundes- und Landespolitik genannt wurde – in den Knast zu stecken. Das schöne Wort „Wahnsinn" im Titel meines Buches *Pilgerwahnsinn* bekam damit eine sehr negative Konnotation.

Zugleich war ich sehr froh, am Ende jeder Tagesetappe eine Übernachtungsmöglichkeit gefunden zu haben. Waren es im Winter zwar meist Pensionen, so hatte meine Recherche zuvor ergeben, dass in der warmen Jahreszeit viele günstige Pilgerherbergen den Weg säumten.

In Corona-Zeiten im Winter pilgern, ein Jahr zuvor noch eine Unmöglichkeit. Daher genoss ich meine erste Winter-Pilgertour sehr.

Am schwierigsten gestaltete sich die Suche nach einem Schlafplatz in Oederan. Ein Herbergsvater meinte, dass es derzeit keinen Strom im Haus gebe. Die nächste Herberge war angeblich ausgebucht. Doch eine Woche vor Beginn meiner Pilgerreise rief mich Petra zurück. Zusammen mit ihrem Mann Bernd bot sie eine „einfache Pilgerunterkunft“ an. Mit einfach verband ich in Spanien: ohne Dusche, ohne Heizung. In Deutschland konnte ich mir das nicht vorstellen. Aber es klang sehr nach Privathaus. Da ich in solchen Unterkünften in Frankreich und Ostdeutschland zu oft von schnorrenden Stubentigern begrüßt wurde, stellte ich panisch die Katzen-Frage. Keine Katze bedeutete zugleich keine Probleme mit meiner Katzenallergie. Im kalten Winter wollte ich mit meinen Kräften haushalten.

Am Wohnhaus in der Gasse Anger Nr. 1 war ein Schild mit einer Pilgermuschel befestigt. Darunter stand „pilgerfreundlich“. Eine fröhliche Petra öffnete mir die

Tür. Meine Toilette konnte über halbe Etage im Treppenhaus erreicht werden. Doch damit konnte ich leben. Auf der Schlafcouch lag schon das bezogene Federbett für mich. Denn ich war dieses Mal ausnahmsweise ohne Schlafsack aufgebrochen. Statt 12 Euro sollte die Nacht daher 14 Euro kosten. Das waren Preise wie auf dem Jakobsweg in Spanien, woran ich mich auch in Deutschland gewöhnen könnte. Eine eigene kleine Küche und ein Badezimmer mit Dusche waren mein.

Petra erzählte mir, dass dieser Wohnungsteil früher zur Wohnung der Schwiegereltern gehörte. Und nun freistand. Ich konnte nicht anders, als ihr meine Dankbarkeit für diese wunderbare Unterkunftsmöglichkeit zum Ausdruck zu bringen.

Petra und ihr Mann Bernd hatten kurzzeitig auch überlegt, ob sie eine lukrative Ferienwohnung daraus machen sollten. Die nur eine Nacht verweilenden dankbaren Pilger waren ihnen aber lieber als anspruchsvolle Touristen.

***Der Tourist fordert, der Pilger dankt* – dieser Spruch begleitet viele Pilger auf ihrem Weg.**

Und es gab Frühstück. Besser als in Spanien, wo ein Frühstück in der Regel aus ein paar Keksen in Plastikfolie bestand. Deutsche Frühstückskultur zog ich eindeutig vor. Und dann auch noch das: Ich durfte mir eine Uhrzeit fürs Frühstück wünschen. In den meisten deutschen Pensionen gab es Frühstück in der Regel ab 8 Uhr, manchmal auch erst um 9 Uhr. Für Petra und Bernd war 7 Uhr gar kein Problem.

Das Frühstück wurde eine Etage weiter oben in der Wohnung der beiden angeboten. An der Wand hingen Urlaubsbilder. Es war wie in manch spanischer Herberge zum Abendessen, wo du in das Familienleben eintauchen durftest. In Oederan zum Frühstück. „Dürfen wir uns zu dir setzen?“, fragte Petra zögerlich. Natürlich durften sie. Und während wir plauderten, vergaß ich die Zeit. Nun war es doch wieder 8 Uhr geworden.

Chemnitz war die nächste Station. Die Jugendherberge im Stadtkern befand sich in einem ehemaligen Umspannwerk, was zu meiner neuen Arbeit bei einem Stromnetzbetreiber passte. Die rustikale Industriearchitektur war sehr geschmackvoll. Doch was ich im schönen Dresden vermieden hatte, drohte nun in Chemnitz: der Fußmarsch in die Stadt hinein. Bevor es zur Unterkunft ging, wollte ich zum Karl-Marx-Kopf. Gab es dieses Relikt des Sozialismus überhaupt noch? Na klar. „So einen großen Kopf hab ich noch nie gesehen“, schrieb ich meinen Eltern als Textnachricht. „Deshalb heißt das Ding auch Nischel“, antwortete meine Mutter trocken.

Mit dem Wort Nischel bezeichnen Sachsen einen Kopf. Den zweitgrößten Nischel der Welt findet man in Chemnitz: Das Karl-Marx-Monument ist 7,1 Meter hoch (mit Sockel über 13 Meter) und etwa vierzig Tonnen schwer. Es wird nur vom Lenin-Monument im südöstlichen Sibirien überragt. Und dort zog es mich im Winter weiß Gott nicht hin.

Auf dem Weg zur Herberge passierte ich noch die Jakobi-Kirche, die hier niemand besonders zur Kenntnis nahm. Ich schon. Eifrig suchte ich nach Jakobus an der Fassade. Als ich ihn erblickte, bekam ich Gänsehaut. Mein Schutzpatron war mir inzwischen sehr ans Herz gewachsen. Ein mit einer Pilgermuschel dekorierter Pflasterstein am Boden brachte mein Herz dann richtig zum Hüpfen.

Die letzten zwei Tage wollte Anja uns begleiten. Seyran und ich holten sie am nächsten Morgen am Hauptbahnhof ab. Während wir die Stadt verließen, wurde mir deutlich, dass Pilgern überall möglich ist, auch in Deutschland, und jederzeit, auch im Winter.

Pilgerreisen müssen nicht immer lang sein und lassen sich auch als verlängertes Wochenende oder einwöchige Pilgerreise gestalten. Für diese Erkenntnis war ich sehr dankbar und genoss den Weg aus meiner früheren Bezirksstadt.

Eine Bezirksstadt war die Hauptstadt eines gleichnamigen Verwaltungsbezirks in der DDR. Meine Geburtsstadt Zwickau gehörte zum Bezirk Karl-Marx-Stadt (vor 1953 und nach 1990: Chemnitz).

Die größte Schwierigkeit wollte ich nun endlich angehen: Wie kann es gelingen, dass eine Pilgerreise zwar immer noch eine Sache ist, die mir Kraft gibt, aber der „Druck“ nicht mehr zwangsläufig so groß ist, eine lange Pilgerreise alsbald unternehmen zu „müssen“.

„Wenn es nicht mehr geht, dann geh“, diese Pilgerweisheit war zugleich richtig. Und auch die Sehnsucht nach einer mehrmonatigen Auszeit auf dem Jakobsweg. Die Etappen in der Zwischenzeit sollten mir die Wartezeit bis dahin versüßen – und so manches damit verbundene kleine Abenteuer.

Zwei Großstadtpflanzen nackt auf dem Bauernhof

Letzte Unterkunft vor Zwickau: Jahnsdorf. Die geschickt beworbene Pilgerherberge war mit einer eigenen Sauna ausgestattet. Im Winter perfekt. Der Betreiber entschuldigte sich bei unserer Ankunft dafür, dass er gesundheitsbedingt nicht mit in die Sauna kommen könne. Anja flüsterte mir fragend zu:

„Er wollte mit in die Sauna kommen?“ Zugleich bat uns der aufmerksame Herbergsvater, nicht nackt über den Hof zu laufen. Ihn würde das nicht stören, aber er wollte die Nachbarn nicht verärgern. „Und passt auf wegen der Giftgase beim Holzfeuer und lasst die Saunatür sicherheitshalber einen Spalt auf.“ Etwa 30 Minuten später hüpften Anja und ich mit umgebundenen Handtüchern zur Sauna, die sich in einem umgebauten Zirkuswagen befand. „Ist dir auch schwindlig“, meinte Anja zu mir. „Nö“. Waren es die gefährlichen Dämpfe? Ich äußerte die Befürchtung, dass wir uns hier gerade selbst vergiften würden. Meine Fantasie ging dabei etwas mit mir durch: „Stell dir vor, wir retten uns hustend aus dem Wagen und kollabieren dann nackt auf dem Rasen. Das fände ich unabhängig vom gesundheitlichen Risiko sehr demütigend. In der Boulevardpresse würde es dann heißen ‚Zwei Großstadtpflanzen nackt auf dem Bauernhof‘“. Also öffneten wir die Saunatür mehr als nur einen Spalt.

Im Gemeinschaftsraum im Erdgeschoss mit Ofen und Kochecke machten wir uns einen schönen Abend mit Spaghetti und Wein. Am nächsten Morgen hatte unser Herbergsvater hier freundlicherweise eine Geburtstagskarte für mich aufgestellt, denn der große Tag war nun da. Zudem besorgte er uns in aller Herrgottsfrühe frische Brötchen vom Bäcker.

Als wir loszogen, warfen wir noch einen Blick auf die Pilgersteine, die gut sichtbar vor dem Bauernhof die Entfernung nach Santiago und Rom anzeigten. Rom war mit 2.200 Kilometern erheblich schneller zu erreichen als das 3.000 Kilometer entfernte Santiago de Compostela. Aber zunächst galt es nicht, sich für ein fernes Pilgerziel zu entscheiden, sondern für eine

Wegvariante. In Jahnsdorf trennte sich der viel gelobte Camino St. Anna zum Erzcamino vom Sächsischen Jakobsweg, dessen Wegverlauf wir weiter folgten.

Kurz vor Oelsnitz mussten wir schon wieder eine Entscheidung treffen. Auf der alten historischen Route entlang der Autobahn oder auf der schöneren Strecke mit etwas Umweg über Oelsnitz. Auch wenn Anja etwas protestierte, durfte ich als Geburtstagskind entscheiden. Weiter über Oelsnitz. Mein Smartphone brummte, eine Kollegin des Grünen Pilgerfrosches war hier zu Hause und bot sich als kostenfreies Pilgertaxi an. Aber ich mochte mit dieser Versuchung nicht liebäugeln, obwohl der weitere Wegverlauf entlang von viel befahrenen Straßen und später wieder parallel zur lauten Autobahn nicht dem Pilgeridyll entsprach, das viele auf dem Jakobsweg suchen. Aber für mich stand fest: Das gehört zum Pilgern dazu.

In Reinsdorf, kurz vor Zwickau, wartete mein Vater verabredungsgemäß mit dem Auto, damit wir uns für mein Geburtstagsabendessen noch alle frisch machen konnten. Und damit war auch dieses Pilgerkapitel schnell wieder zu Ende.

Es braucht nur wenig, um glücklich zu sein

Irgendwo mal laufen. Irgendwohin. Durch eine schöne Landschaft. Vielleicht abends dort ankommen, wo man morgens aufgebrochen war zu einer Tagestour. Vielleicht in den Alpen. Vielleicht an der Ostsee. Mit leichtem Gepäck. An einen inzwischen vertrauten Ort zurückkehren, der durch ein bequemes Bett, eine

Regenwalddusche oder andere Annehmlichkeiten geprägt ist. Das kann man alles tun – aber Pilgern ist meist anders. In den seltensten Fällen gibt es eine Sauna wie in Jahnsdorf. Und wenn es am schönsten ist, dann geht man weiter. Die nächste Nacht wird womöglich an einem weniger schönen Ort verbracht werden. Aufbrechen ins Ungewisse. Der Weg mag ungewiss sein, das Ziel ist es aber nicht. Santiago gibt die Richtung vor. Die Wegzeichen sind vertraut. Einige Pilger sind es vielleicht auch.

Beim Pilgern drehen sich die Gedanken vielleicht wiederholt um die gleichen Dinge, das eigene Leben, die Herausforderungen, die eigenen Unzulänglichkeiten. Aber man bewegt sich nicht im Kreis. Man kommt voran. Nicht schnell. Aber Schritt für Schritt. Äußerlich wie innerlich. Und Orientierung bietet eine Pilgermuschel oder ein gelber Pfeil.

Eine Pilgerreise ist anstrengend. Die Gegend ist nicht immer schön – die Strecke neben der Autobahn kurz vor Zwickau war es jedenfalls nicht, aber ich weiß, dass es irgendwann wieder schöner wird. Wie bei vielen wichtigen Herausforderungen im Leben: Wenn es ein Ziel gibt, bringt man die Kraft auf. Orientierung gibt der Reise einen Sinn. Und mit Sinn schafft man Dinge, die man sonst nicht schafft. Was auch immer es bedeutet, etwas geschafft zu haben.

Wenige Monate vor meinem 40. Geburtstag waren Simone und ich beim Pilgertreffen in Naumburg-Roßbach. Dieses Treffen fand in der Pilgerunterkunft statt, die ich bei meiner letzten Pilgerreise auf dem Ökumenischen Pilgerweg nicht mehr angesteuert hatte. Es war genau die richtige Entscheidung, denn so blieb mir die Möglichkeit, etwas Neues zu entdecken.

Pilgernde suchen nach der Rückkehr Menschen, mit denen sie sich austauschen können – die Ähnliches „durchgemacht" haben. Pilgertreffen sind eine wunderbare Möglichkeit des Austauschs, um über Erlebtes in der Vergangenheit und Pilgerpläne für die Zukunft zu sprechen.

In der Gruppe besuchten wir den Naumburger Dom. Hier mussten wir als Pilger im Gegensatz zu den anderen Touristen keinen Eintritt zahlen. Es war schön, nicht nur wegen der Geldersparnis, sondern, weil wir als Pilger identifiziert wurden.

Auch die anschließende Weinverkostung, das gemeinsame Abendessen und die vielen Pilgergeschichten ließen einem das Herz aufgehen. Roland hatte alles perfekt organisiert. Und zugleich zeigten die verschiedenen Vorträge, welche Schicksalsschläge Menschen mitunter auf den Jakobsweg gebracht hatten. Aber auch, welche Wege es noch zu entdecken gab; so machte mir zum Beispiel eine Pilgerin die Via Baltica an der Ostsee schmackhaft, die ich bis dato noch gar nicht auf meiner To-do-Liste hatte.

Die Via Baltica ist die nördlichste Ost-West-Verbindung im deutschen Jakobswegenetz. Der Weg beginnt auf der Insel Usedom an der Grenze zu Polen. Eine andere Variante beginnt auf der Insel Rügen. Die Via Baltica verläuft über Rostock durch Mecklenburg-Vorpommern, dann in Schleswig-Holstein nach Lübeck und durch Hamburg, Bremen und bis nach Osnabrück in Niedersachsen. Auf der Via Baltica wird ebenso wie auf dem Ökumenischen Pilgerweg konsequent versucht, preisgünstige Pilgerunterkünfte anzubieten.

Daher hat der Weg, trotz seiner großen Entfernung zu Santiago, großes Potential, in den kommenden Jahren an Popularität zu gewinnen.

Immer und immer wieder trieb es die Anwesenden des Pilgertreffens auf den Camino. Was als Flucht vor den Geschehnissen des Alltags begann, entpuppte sich als Suche. Nach mehr Sinn und weniger Unsinn. Nach dem Selbst.

Einigen war es auch gelungen, den Jakobsweg in den Alltag integrieren. Weniger Konsum. Mehr Freiheit durch Verzicht. Und innere Ruhe. Ich hingegen hetzte im Alltag von vermeintlichem Erfolg zu Erfolg. Und brauchte ihn dann wieder, den Jakobsweg.

Ich habe mal behauptet, dass man sich auf dem Jakobsweg nicht verlaufen kann, weil er überall so gut ausgeschildert sei. Es war 7 Uhr am Morgen als ich meine Pilgerreise auf dem Ökumenischen Pilgerweg fortsetzte. Die herbstliche Morgenröte erhellte das in einer sanften Nebeldecke verschlungene Tal zu unseren Füßen. Eine Stirnlampe benötigten wir nicht.

Auf Frühstück verzichteten Simone und ich, weil wir bei Tageslicht ankommen wollten und nicht hetzen mochten. Eigentlich wollte Martin – einer der Administratoren vom Undogmatischen Pilgerforum – uns verabschieden, aber offenbar wollte er doch lieber ausschlafen.

Meiner Pilgerfreundin erschien es sehr merkwürdig, dass keine Pilgermuscheln zu sehen war. Ich hingegen war wieder zuversichtlicher, schließlich hatte uns Roland am Vorabend den Weg gewiesen. 20 Minuten später stapften wir bergauf durch das Unterholz. Als wir schließlich einem Feldhasen folgend einen schlammigen Acker querten, behauptete ich kühn, dass wir ohne den Umweg diese tolle Aussicht nicht hätten genießen können.

Während Simone schwer atmete und meine Deutungen nicht weiter kommentierte, gab ich zu, dass es demütigend wäre, wenn Martin jetzt unseren Weg kreuzen würde. Etwa 30 Sekunden später lachte die an diesem Morgen ansonsten recht schweigsame Simone laut auf. Sie hatte Martin erblickt, der auf dem richtigen Weg vorbeigeschlendert kam, gewissermaßen als Morgenspaziergang vor dem Frühstück. „Wo kommt ihr denn her?“, fragte er erstaunt. Offenbar war sein Weg weniger beschwerlich gewesen, von Anstrengung und schweißtreibender Steigung war ihm jedenfalls nichts anzumerken. Mir machten solche Umwege nichts aus. In Anwesenheit anderer fielen sie nur stärker auf.

Ich nannte Simone eine Pilgerfreundin, obwohl wir noch nie zusammen gepilgert waren. Wir hatten uns über einen gemeinsamen Pilgerfreund, den Schweizer David, kennengelernt. Bei unserer ersten Begegnung war sie zwei Köpfe kleiner als ich, dafür etwa doppelt so breit. Zwei Köpfe kleiner war sie immer noch, aber von der wohlbeleibten Pilgerin war nichts mehr übrig. Simone oder Mone, wie ich sie gern nannte, war zu einer echten Sportskanone mutiert. Und obwohl ihre Beine viel kürzer als meine waren, im Tempo hielt sie locker mit.

In zwei Tagen wollten wir es bis Erfurt schaffen. Tag 1 endete in Rudersdorf, wo wir die Pilgerherberge neben dem Pfarrhaus reserviert hatten. Das Gästebuch verriet uns, dass zu dieser kalten Herbstzeit kaum noch jemand unterwegs war. Da uns aber ein sonniger Tag beschert wurde, fiel das nicht weiter ins Gewicht.

Etwas Proviant hatten wir im Gepäck. Aber nicht zu viel, da es, wie wir zuvor erfuhren, in der Herberge Lebensmittel gab. Spaghetti mit Tomatensoße und Rotwein gingen immer. Und der Bullerjan – ein kanonenähnlicher Ofen – wärmte uns die Essküche.

Frostiger war es eine Etage weiter oben. Schnell wurde uns kalt, als wir aus der Dusche kamen. Hinweisschilder untersagten es, in der Küche zu übernachten. Vermutlich wegen der Erstickungsgefahr durch den Ofen. Mein Angebot, die Bettmatratzen dennoch in die warme Küche zu bringen, lehnte Mone ab.

Ich kümmerte mich fürsorglich um das wärmende Feuer und das Abendessen. Mone war in Gedanken hingegen ganz weit weg, abwechselnd telefonierte und schrieb sie mit ihrem Ehemann Jan und unserem Pilgerfreund David.

Während sich das Wasser für unsere Tütensuppe, die es als Vorspeise gab, auf dem alten Elektroherd nur langsam erhitzte, suchte ich in den Schränken Geschirr und Besteck zusammen. Da Mone als Gesprächspartnerin noch nicht zur Verfügung stand, durchkämmte ich facebook.

Einer meiner facebook-Kontakte (Wer waren diese Leute eigentlich alle?) bedankte sich für die zahlreichen Glückwünsche zu seinem 25. Geburtstag. Der junge Berliner war Klimawandel und Corona zum Trotz mal locker nach Las Vegas gejettet. Wohlwollend bedankte er sich beim Management des Hotels für den Service, während er mit einem Glas Champagner vor einem ansprechenden Teller verschiedener Dessertspeisen saß. Hinter ihm funkelte die glamouröse Skyline, und eine Wasserfontäne schoss in die Höhe. Vielsagende Hashtags wie #jetset und #dinnernightout rundeten den Post ab. Während sein leichtes Oberhemd über dem muskulösen Oberkörper spannte, spannte mir wie einem alten Bauern das Gesicht, da es den ganzen Tag Wind und Sonne ausgesetzt war. Endlich kochte das Wasser, und ich konnte das bräunlich gefärbte Pulver in den Topf geben.

Mone hatte ein zufriedenes Lächeln, als ich ihr unser Abendessen servierte. Und auch ich hatte keinen Grund zur Beschwerde. Es war vielleicht nicht

Las Vegas. Ganz ehrlich, ich wusste nicht mal, wo wir waren, beziehungsweise ich konnte mir keine 10 Minuten den Namen dieses Dorfes merken. Es war auch nicht besonders hübsch oder idyllisch. Und dennoch waren wir hier genau richtig.

Ein ungefährliches Abenteuer

Die Nacht war erfrischend. In voller Montur kuschelten Mone und ich uns in unsere Schlafsäcke, die wir jeweils mit einer in der Herberge vorrätigen Steppdecke bedeckten.

Da die Herberge für das Abendessen gut ausgestattet war, aber nicht für das Frühstück, gab es Tütensuppe auch zum Frühstück. „Hmm ... lecker Brokkoli", Mone meinte es offenbar ernst, dass ihr ein solches Essen auch zum Frühstück schmeckte. Sie beschwerte sich nicht, sondern freute sich, dass es überhaupt etwas gab. Dazu einen wärmenden Tee und einen halben Apfel für jeden von uns.

Die Küche war über Nacht ganz schön ausgekühlt, und mir war es noch nicht so recht gelungen, den Raum zu heizen. Immer wieder erlosch das Feuer. Als wir kurz nach Sonnenaufgang in den kühlen Pilgertag aufbrachen, war es drinnen endlich kuschelig warm.

Zum Glück verliefen wir uns nicht gleich wieder zu Tagesbeginn, aber umso mehr im Laufe des Vormittags. Ein herbstlicher Nieselregen, der gelegentlich zu einem kleinen Schauer mutierte, ließ unsere Regenkleidung zum Einsatz kommen. Wenigstens hatten wir sie nicht umsonst dabei. Uns konnte so leicht nichts die Laune verderben.

Als wir endlich wieder auf dem Jakobsweg pilgerten, nachdem wir 30 Minuten in die falsche Richtung gelaufen waren, trafen wir auf einen recht hübschen Ort. Leider war die Kirche geschlossen. Die Pilger konnten sich aber an das Büro der Abwasserzweckverbandes im Nachbarhaus wenden, um einen Stempel zu bekommen. Im Zimmer nebenan befand sich die „Kontaktbereichsstelle der Polizeiinspektion Weimar". Von langen Dienstwegen der verschiedenen Anlaufstellen keine Spur.

Als ich versuchte, Mone zu überreden, zum Mittagessen ein paar kalte Würstchen aus dem Supermarkt in einem Bushaltestellenhäuschen zu verspeisen, zeigte sich meine genügsame Pilgerfreundin erstmals wählerischer. Also ging es zum Restaurant um die Ecke.

Als das Essen serviert wurde, war Mone gerade auf Toilette. Und als dieses kalt zu werden drohte, weil sie nicht wiederkam, klopfte ich vorsichtig an die Toilettentür des indischen Restaurants. Ich machte mir ernsthaft Sorgen. War vielleicht doch alles zu viel für sie geworden? Doch sie hatte nur ihre Füße in Ruhe mit Blasenpflastern versorgt. Und das schon nach dem ersten Pilgertag. Mone jammerte aber nicht, und gestärkt ging es weiter.

Es gibt Menschen, die gehen weit über ihre körperlichen Grenzen hinaus. Mone gehört eindeutig zu dieser Spezies. Aber sie war auch Realistin. Da sie noch mit dem Zug nach Naumburg musste, um anschließend mit dem Auto nach Hause in die Pfalz zu fahren, teilte sie mir mit, dass sie eine Bahnstation vor Erfurt in den Zug steigen würde. Folglich mussten wir den Umweg über die Gedenkstätte Buchenwald nehmen, damit wir durch das entsprechende Dorf kamen. Waren wir bis dato fröhlich und munter, der Weg entlang der Wachtürme und des Stacheldrahtzaunes des ehemaligen Konzentrationslagers ließ uns innehalten.

Nachdem wir die Gedenkstätte hinter uns gelassen hatten, eröffnete sich vom Hügel, auf dem wir standen, ein befreiender Weitblick.

Als Mone und ich uns verabschiedeten, stand die Sonne schon tief. Bei Tageslicht würde ich heute nicht mehr ankommen. Mein Handyakku war fast am Ende. Und da ich offenbar meine Powerbank in der Herberge hatte liegen lassen, schaltete ich das Smartphone aus, um zumindest in Erfurt navigieren zu können.

Meine ehemalige Chefin aus Berlin, die seit kurzem in Erfurt wohnte, bot zuvor in einem Telefonat an, mich mit dem Auto abzuholen. Aber wo war ich? Und würde der Akku so lange durchhalten? Außerdem war ich zum Pilgern hier und nicht zum Autofahren.

Die Abendsonne funkelte durch eine Reihe von Pappeln. Mein Schatten war riesig. Und Erfurt, wo war Erfurt? Wie schön war doch die großstädtische Lichtverschmutzung in Berlin, die zu jeder Zeit des Tages und der Nacht genügend Licht ließ, sich ohne Taschenlampe zu orientieren! In Thüringen war es anders, zwischen den Städten und Dörfern war es stockfinster, und die neu erstandene Stirnlampe entpuppte sich als der letzte Schrott. Sie beleuchtete nur, was unmittelbar vor mir war, und rutschte zudem ständig aus der Halterung.

Ich lehnte mich in irgendeinem Dorf kurz vor Erfurt gegen ein Straßenschild. Es war stockfinster, und ich suchte mit meiner Stirnlampe die Jakobsmuschel. Auch wenn ich an diesem Herbsttag schon 45 Kilometer auf dem Buckel hatte, aufgrund eines fast leeren Akkus ohne Handy navigieren musste und nicht wirklich wusste, wie weit es noch war, gefährlich war es zu keinem Zeitpunkt. Vielleicht etwas peinlich, wollte ich doch in der jetzigen Pose nicht von den Anwohnern gesehen werden.

Irgendwann erreichte ich Erfurt. Ines, meine Ex-Chefin, empfing mich mit einem kühlen Pilger-Bier. Wir zogen wie Teenager mit den Flaschen in der Hand durch die hübsche Stadt. Fast 50 Kilometer, dem Scheitern nah, aber niemals in Gefahr, auch so lassen sich Pilgerabenteuer in Deutschland erleben.

Wohin führt mich mein Weg?

Pilgern, das ist doch die Sache in Spanien. Die Aktivität, wo man wochenlang mit Hunderten von fremden Menschen auf dem gleichen Pfad unterwegs ist. Oder?

Es war der Mittwoch vor Ostern. In Spanien herrschte in der so genannten Semana Santa, der Karwoche, reger Betrieb auf dem Jakobsweg. Mein Pilgerfreund David rief mich verzweifelt an, weil die von ihm gebuchte Unterkunft von der Polizei geschlossen wurde und er nun fremdsprachliche Unterstützung benötigte. Ich hoffte in diesem Moment, dass ich bei meiner Unterkunft in Erfurt nicht ähnliche Probleme haben würde, hatte ich doch im Pilgervertrauen auf eine Buchungsbestätigung des Augustinerklosters verzichtet.

Pilgern, das ist doch die Sache, wo man spontan unterwegs ist und am Morgen noch nicht mit Gewissheit weiß, wo man abends schlafen wird. Das war auch lange Zeit so, aber Corona hatte neue Verhaltensregeln etabliert. Eigentlich wollte ich in einer Kirche kurz hinter Erfurt nächtigen. Dort bekam ich aber am Telefon den freundlichen Hinweis, dass die Kirchenheizung defekt sei und man nachts in dieser Jahreszeit noch frieren würde. Das wollte ich nicht und reservierte daher im „Evangelischen Augustinerkloster", das auch eine Pilgerunterkunft hatte.

Das Augustinerkloster, in dem Martin Luther zwischen 1505 und 1511 als Mönch lebte, befindet sich im Erfurter Stadtzentrum. Mit seiner Kirche, den drei umbauten Höfen, Konvents- und Wirtschaftsgebäuden ist das Kloster ein eindrucksvolles Beispiel mittelalterlicher Baukunst.

Ein halbes Jahr nach der zweitägigen Tour mit Mone ging es allein in Erfurt weiter. Bis 17 Uhr sollte ich spätestens ankommen. Es war schon nach 16 Uhr, daher beeilte ich mich, David in Spanien telefonisch zu unterstützen. Bereits beim Betreten des Klostergeländes kehrte bei mir innere Ruhe ein. Der Ort vermittelte ein wohliges Gefühl von Geborgenheit. Ein paar Touristen mit Koffern liefen mir entgegen. Die Rezeption war zum Glück noch geöffnet. „Da kommt ja mein Pilger", war die herzliche Begrüßung, die ich so nicht erwartet hatte.

Schon wieder rief David an, da ich für ihn übersetzen sollte. Auch wenn der Camino del Norte an der spanischen Atlantikküste mein liebster Jakobsweg war, fühlte ich mich hier in Erfurt jetzt genau richtig und wollte nicht mit Davids Hektik tauschen.

Die freundliche Frau an der Rezeption entschuldigte sich fast für die 50 Cent Kurtaxe, die sie nehmen musste. Folglich kostet die Nacht im Kloster sage und schreibe 10,50 Euro, ein Übernachtungspreis, der seit Corona sogar in Spanien kaum noch zu finden war.

In einem der Hinterhöfe befand sich meine Pilgerherberge. Ein kleines Zimmer mit Doppelstockbett hinter dicken Mauern. Im Raum war ein Waschbecken hinter einem Duschvorhang. Auf dem Tisch stand ein kleiner Wasserkocher. Die Toilette befand sich in etwa 20 Meter Entfernung im Renaissancehof. Ich hatte einen Schlüsselbund bekommen, um mir im ganzen Gebäude über die Verbindungs-, Ein- und Ausgangstüren Zugang zu verschaffen. Das Pilgerzimmer war mit „Laubenganghaus Pilgereinkehr" gekennzeichnet. Ich war gerade dabei, mein Bett zu beziehen – in den 10 Euro war sogar frische Bettwäsche inbegriffen –, da hörte ich die Eingangstür zum Pilgerbereich ins Schloss fallen. Im Vorraum zu meinem Zimmer stand auf einmal ein älterer Tourist, der mich verdutzt fragte, was das hier sei. Seine Fragen deuteten darauf hin, dass er unter „Pilgereinkehr" keinen Schlafraum vermutete, sondern vielleicht einen Raum der Stille, der zur Meditation einlädt. Ja, hier wollte ich ruhen. Als der Herr, der offenbar im Hotelbereich des Klosters untergekommen war, nun verstanden hatte, dass ich hier schlafen würde, zog er sichtlich verwirrt weiter und verzichtete auf einen Blick auf mein frisch gemachtes Bett.

Eine Stunde später holte mich Ines für einen Stadtrundgang im Kloster ab. Stolz zeigte ich ihr den Kreuzgang und andere eindrucksvolle Sehenswürdigkeiten meiner Unterkunft, und wir schwelgten in Gedanken, was an diesem Ort möglicherweise schon alles geschehen und erdacht wurde.

Warnung vor der Versuchung des Wallens: Im Augustinerkloster entwarf um 1500 Johannes von Paltz eine kritische Wallfahrtstheologie, die zwischen lobens- und tadelnswerten Pilgerreisen unterschied. Lobenswert seien demnach die von der Kirche gebilligten

Fernpilgerschaften nach Jerusalem, Rom, Santiago, Köln, Trier und Einsiedeln. Tadelnswert hingegen die vielen Nahwallfahrten, die der Teufel inszeniert habe, um die Menschen vom Besuch der eigenen Pfarrkirche abzuhalten. Er warnte vor der Versuchung des Wallens. Die Menschen sollten auf die Kraft des freien Willens vertrauen und sich mit dessen Hilfe von Gedanken an solches Laufen abwenden. Man sollte zudem den Rat guter Menschen beherzigen, ein Kruzifix anschauen, Ruhe bewahren und schlafen gehen.

Am Abend wollte ich eigentlich nur noch ins Bett, da ich am nächsten Tag einen langen Tag bis Gotha hatte. Doch es klang Musik aus der Kirche, begleitet durch ein herrliches Lichtspiel. Ich entschied mich zum Verweilen. Es folgte ein Friedensgebet für die Menschen in der Ukraine, und alle Gottesdienstteilnehmer wurden aufgefordert, ein Kerzenlicht zu entzünden. Erfüllt von dieser Stimmung, die die Brutalität des Krieges in den Fokus rückte, ging ich schließlich zu Bett.

Am nächsten Morgen um kurz nach 4 Uhr beim Toilettengang über den Hof war Erfurt noch in Stille gehüllt. 45 Minuten später, ich hatte inzwischen in meinem Kämmerlein gefrühstückt, mir sogar einen Tee mit Salbei aus dem Klosterkräutergarten gemacht, brach ich mit gepacktem Rucksack auf. Er war recht voll, da ich sowohl für den Tag als auch die Nacht warme Wechselkleidung mit mir führte, ein paar Lebensmittel sowie meinen warmen Daunenschlafsack für die Pilgerunterkunft in Gotha. Inzwischen zwitscherten auch die Amseln. Wenig später begann die Straßenreinigung mit ihren Arbeiten.

Das Santiago von Thüringen: Erfurt mit seinem erhabenen Dom auf einer innerstädtischen Bergspitze gilt als das „thüringische Rom". Für mich als Jakobspilger ist es eher das „Santiago von Thüringen". Hier sind die Gebeine von Adolar beigesetzt, dem ersten Bischof von Erfurt (im Jahr 742). Nach einem Einsturz des Doms im 12. Jahrhundert und dessen Wiederaufbau übertrug man die Gebeine in einen Schrein und mach-

te sie zur Verehrung zugänglich. Mirakelsammlungen berichten von Heilungen an Blinden, Lahmen, Stummen und Irren. 1493 kamen auf dem Weg zur „Aachener Heiltumsschau“ so viele Pilger in Erfurt vorbei, dass ein eigens abgestellter Wart die Gebeine bewachen musste.

Der Dom besitzt auch Darstellungen des heiligen Jakobus am Triangelportal an der Nordseite sowie auf den beiden spätgotischen Flügelaltären.

Immer wieder gab es große Pilgerwellen. So mussten im Jahr 1475 die Stadttore geschlossen werden, um die Pilgermassen auf dem Weg zum „Heiligen Blut“ nach Wilsnack aufgrund von Versorgungsengpässen nicht in die Stadt zu lassen.

Der Erfurter Dom erhebt sich eindrucksvoll über der Stadt. Als Pilger führte mein Weg über den Domberg als erste Steigung. Die Ausschilderung glänzte nicht nur durch ein paar Aufkleber, sondern auch durch originelle Strickwaren mit Jakobsmuscheln als Motiv um die Straßenschilder. Am Stadtrand fanden sich auch die ersten Privatgrundstücke mit selbstgebauten Schildern, wodurch ich mich auf meiner Reise gut geleitet fühlte.

In Gotha kam ich schließlich viel früher als erwartet an. Besser früher als zu spät, da ich der Pfarrerin meine Teilnahme am Ostergottesdienst versprochen hatte. Die Kirche, in deren Anbau ich nächtigte, war als solche kaum zu erkennen. Der letzte Kirchenbau der DDR aus den späten 1980er-Jahren glich eher einem Wohnhaus mit grauem Ostcharme. Aber das herzliche Willkommen in der Gemeinde zeigte mal wieder ganz deutlich, dass man Dinge nicht nach ihrer äußeren Hülle beurteilen sollte.

Die Gegend rund um die Kirche war ein typisches Plattenbaugebiet. In direkter Nähe ein Netto-Einkaufsmarkt in einer Art Zelt oder Halle, wie ich es zuletzt Anfang der 1990er-Jahre gesehen hatte. Aufgrund eines Brandes aber zum Glück nur eine Übergangslösung.

Der Gründonnerstags-Gottesdienst der kleinen Gemeinde war recht gut besucht. Wir saßen in einem Stuhlkreis. Die überwiegend älteren Leute waren alle sehr miteinander vertraut. Die jungen Konfirmanden beobachteten mich die ganze Zeit. Und ich hoffte, dass meine Schmerztablette endlich anschlagen möge, da mir Migräne furchtbar zu schaffen machte.

„Den restlichen Wein lasse ich Ihnen", sagte mir die Pfarrerin bei der Verabschiedung. Die Tür sollte ich am nächsten Morgen einfach hinter mir zuziehen. Und eine Frau aus der Gemeinde meinte, dass ich am Karfreitag von herrlichem Vogelgesang geweckt werden würde. Ich erinnerte mich, dass ich in Erfurt noch vor den Vögeln wach war.

In Gotha waren es dann doch die Vögel, die eher wach wurden. Ich hatte diesen Ort ansonsten ganz für mich, da der Morgengottesdienst erst um 10 Uhr beginnen sollte. Meinen Schlafsack hatte ich auch nicht benötigt, da es im ersten Stock des Anbaus eine Kammer für eine Person gab, wo das Bett noch vom Vorpilger bezogen war. Ich war also doch nicht der erste Pilger der Saison, wie mir zuvor angekündigt worden war. Das Ganze hatte wieder nur 10 Euro gekostet.

Oberflächlich betrachtet kann man im Pilgern eine geeignete Möglichkeit sehen, günstig Urlaub zu machen. Aber wie Umfragen nahelegen, sind nur fünf Prozent der Pilger deswegen unterwegs. Die eigentlichen Motive sind tiefgründiger und vielschichtiger.
Ausgewählte Umfrageergebnisse:
Zu sich selbst finden 51,8 %
Ausklinken aus dem Alltag 40,2 %
Spirituelle Atmosphäre fühlen 34,6 %
Aus religiösen Gründen 23,4 %
Ferne Abenteuer erleben 20,9 %
Kostengünstig Urlaub machen 5,2 %

Quelle: Christian Kurrat, Renaissance des Pilgertums: Zur biographischen Bedeutung des Pilgerns auf dem Jakobsweg, 2015

Mein Frühstück nahm ich im hinteren Bereich der Kirche ein, wo ein Tisch mit Stühlen stand. Die Pfarrerin hatte mir am Vortag gesagt, dass sie nichts dagegen hätte. Und in einer Kirche hatte ich weiß Gott noch nie gefrühstückt. Da am Feiertag alle Geschäfte geschlossen waren, schmierte ich mir auch Brötchen für unterwegs. Was ich gar nicht mochte beim Pilgern war hungern. Und das Laufen brachte meist viel Appetit.

Bereits am Abend sollte mein Weg in Eisenach enden. Hier hatte meine Schwester Anne bis zu ihrem Tod gelebt. Meine Eltern regten an, ob ich nicht eine Freundin von ihr besuchen möge. Jemand zu Ostern spontan zu überfallen gefiel mir hingegen nicht.

Die landschaftliche Abwechslung nahm vor Eisenach zu. Aufgrund der vielen Höhenmeter verlangsamte sich auch mein Vorankommen. Das war mir recht, da ich jeden Schritt genoss und mein Zug erst spät am Abend fuhr.

Bis Vacha waren es nur noch zwei Tagesmärsche, aber die Rückfahrt von Eisenach nach Berlin schien mir einfacher zu sein. Auch wollte ich noch nicht, dass meine Reise auf dem Ökumenischen Pilgerweg endet, wohl wissend, dass die Frage nach dem „Was nun?“ gar nicht so einfach war.

1495 wurde der erste deutschsprachige Pilgerführer „Die Walfart und Strass zu Sant Jacob“ von Hermann Künig von Vach veröffentlicht. Dieses Buch wurde bis Mitte des 16. Jahrhunderts mehrfach gedruckt. Der

Text zielte auf die Praxis. Der Verfasser dokumentierte Wege, nannte Herbergen, Wirte, Zölle und Währungen. Er zeigte mit dem Buch, wie sehr einfache Pilger der Hilfe bedurften. Hermann Künig gehörte dem Servitenkloster in Vacha an. Seine Existenz ist in den Quellen zur Klostergeschichte für die Jahre 1479 bis 1486 nachgewiesen. Er wird unter anderem als Terminierer, das heißt Almosenbitter des Klosters, bezeichnet. Sein Nachfolger führt ihn als abwesend auf. Diese Abwesenheit hängt vermutlich mit seiner Pilgerreise nach Santiago de Compostela zusammen. Jedoch kann man dies nur vermuten, belegen lässt es sich nicht. Allerdings sind seine Beschreibungen so detailliert, dass dies auf selbstgemachte Erfahrungen schließen lässt. Über sein späteres Schicksal ist zugleich nichts bekannt. Sein Buch beginnt mit den Zeilen: „Ich, Hermann Künig von Vach, will mit Gottes Hilfe ein kleines Büchlein machen, das *Sankt Jakobs Straße* heißen soll. Darin will ich Wege und Stege beschreiben, und wie sich jeder Jakobusbruder mit Trinken und Essen versorgen soll. Auch will ich darin mancherlei Gemeinheiten der Kapaune nicht unerwähnt lassen“ (neuhochdeutsche Übertragung des Textes).

Bekamen Santiago de Compostela und die dortige Kathedrale samt den dazugehörigen Institutionen im Liber Sancti Jacobi des 12. Jahrhunderts, auch bekannt als *Codex Calixtinus,* ein eigenes Kapitel, so nimmt in Künigs Büchlein über 300 Jahre später die Beschreibung des Weges einschließlich der Entfernungen und Unterbringungsmöglichkeiten fast den gesamten Raum ein. Santiago widmete er nur wenige Zeilen, sodass der weite Weg mit seinen Schwierigkeiten in den Vordergrund rückte.

Trotz häufigen Verweilens mit schönen Ausblicken kam ich über zwei Stunden zu früh in Eisenach an. Da ich den ganzen Tag nichts anderes als belegte Brötchen gegessen hatte, freute ich mich auf einen genussvolleren Restaurantbesuch. Doch da war doch noch etwas ...

Zunächst humpelten mir zwei ältere Frauen mit ihren schweren Rucksäcken entgegen, die einzigen Pilgerinnen, die ich in den vergangenen zwei Tagen unterwegs gesehen hatte. Ich hatte sie auf etwa halber Strecke überholt und zugleich großen Zweifel, dass sie es bis Eisenach schaffen würden. Nun waren sie sogar eher als ich in der Stadt angekommen, wenn auch offensichtlich nicht zu Fuß.

In zwei Kilometer Entfernung – immer bergauf – war die Wartburg, der Unterschlupf von Martin Luther, den er 1521/22 unter dem Tarnnamen Junker Jörg bezogen hatte. Restaurant-Besuch oder Burg? Nur eines von beidem war noch zu schaffen. Auch wenn

ich viel Appetit auf was „Richtiges“ zu essen hatte, begnügte ich mich mit einem einfachen Brötchen.

Oben auf der Burg angekommen, genoss ich den Blick auf den zurückgelegten Weg sowie die Landschaft, die auf der nächsten Pilgerreise vor mir liegen würde. Bevor es zum Bahnhof ging, erkundete ich noch schnell das Burggelände und wandelte auf den Spuren meines Namensvetters „Jörg“, der hier 500 Jahre zuvor und ein Jahr jünger, als ich es gerade war, das Neue Testament ins Deutsche übersetzt hatte. An meine konkreten Gedanken erinnere ich mich nicht mehr, aber an das Gefühl, daheim angekommen zu sein. Es war vielleicht nicht Santiago de Compostela, aber meine Pilgerschaft endete dort, wo jede Reise endet, bei mir selbst.

Nachwort

So vielfältig das Jakobswegnetz in Deutschland auch ist, irgendwann musste ich mein Heimatland verlassen. Ich wollte irgendwann auch mal wieder in Santiago ankommen – statt immer und immer wieder einen neuen regionalen Weg zu beginnen. Als Nächstes sollte es der Jakobsweg durch die Schweiz werden. In Konstanz am Bodensee nahm diese Reise ihren Anfang.

Eine Woche nach Fertigstellung dieses Buches stapfte ich erschöpft durch die Berge. Zwar waren die 1.400 Meter hohen Erhebungen für Schweizer Verhältnisse eher nur Hügel, mir als Flachländer reichten sie aber allemal. Und zu meinem Leidwesen war meine Jacke nicht mehr wasserdicht. Nach einem regnerischen Vormittag schenkten mir die Touristen im Kloster Einsiedeln sodann auch nur pikierte Blicke, denn ich tropfte wie ein nasser Sack, als ich die Abteikirche betrat. Ein Sturz in einen Bach etwa vier Stunden später ließ diese Erfahrung schon viel weniger bedeutsam erscheinen. Der Blick von einer Bergspitze am nächsten Morgen entlohnte für alle vorangegangenen Strapazen. Und das erfrischende Bad in einem smaragdgrünen See am übernächsten Tag war eine pure Wohltat für Körper und Seele.

Doch was von Bedeutung bleibt in Erinnerung? Die wunderschöne Natur? Gewiss. Wie man an den äußerlichen Herausforderungen und sich selbst wächst?

Bestimmt. Aber vor allem die herzlichen und manchmal auch skurrilen Begegnungen, die – jenseits von Erwartbarem – bleibende Spuren hinterlassen. Der Jakobsweg macht uns zu Geschichtenerzählern, die von Abenteuern zu berichten wissen.

Danksagung

Besonderer Dank gilt den Leserinnen und Lesern meines ersten Buches *Pilgerwahnsinn – Warum der Jakobsweg süchtig macht*. Ihr Zuspruch war für mich besondere Motivation für ein zweites Pilgerbuch.

Nicht unerwähnt soll an dieser Stelle das sympathische Engagement der *Jakobusgesellschaft Brandenburg-Oderregion* bleiben. Hier darf ich mich ehrenamtlich einbringen. Vermutlich aufgrund der Alltagsnähe haben die dortigen Aktivitäten eher wenig Eingang in dieses Buch gefunden.

Zum Autor

Jörg Steinert, geboren 1982 in Zwickau, ist Diplom-Politologe und war viele Jahre Geschäftsführer des Lesben- und Schwulenverbandes Berlin-Brandenburg. Neben seiner hauptberuflichen Tätigkeit in der Energiewirtschaft engagiert er sich ehrenamtlich als Berater der liberalen Ibn Rushd-Goethe Moschee. Als passionierter Pilger ist er Initiator der Ausschilderung des Jakobsweges durch Berlin als länderverbindender Europäischen Kulturweg.
2020 ist sein Buch *Pilgerwahnsinn – Warum der Jakobsweg süchtig macht* erschienen.
Der Autor bietet Workshops mit Theorie- und Praxisteil zur Vorbereitung auf den Jakobsweg an:
https://www.pilgerwahnsinn.de/kursangebote/
Unter „Pilgerwahnsinn“ ist er nicht nur mit seiner Website, sondern auch auf facebook und Instagram unterwegs.

www.pilgerwahnsinn.de
www.facebook.com/pilgerwahnsinn/
www.instagram/pilgerwahnsinn/

Pilgerwahnsinn

Jörg Steinert

Pilgerwahnsinn

Warum der Jakobsweg süchtig macht
Notizen von unterwegs

Gebunden mit Leseband
232 Seiten | Durchgehend vierfarbig
mit vielen Fotografien und einer
Jakobsweg-Karte
ISBN 978-3-8436-1197-8
Auch als eBook: 978-3-8436-1289-0

800 Kilometer. Zu Fuß. Meist allein, aber nicht einsam. Der Jakobsweg gehört zu den großen Abenteuern unserer Zeit. Ungefährlich, aber aufregend. Anstrengend und zugleich genussvoll. Jörg Steinert hat sich aufgemacht, verschiedene Jakobswege in Spanien, Portugal, Frankreich und Deutschland zu entdecken. Auf einer seiner Reisen wurde er von der Frauenrechtlerin und liberalen Muslimin Seyran Ateş begleitet, die seit mehreren Jahren unter Personenschutz steht und auch beim Pilgern ein Team LKA-Beamter an ihrer Seite hatte.
In *Pilgerwahnsinn* berichtet der Autor über seine persönlichen Erlebnisse auf verschiedenen Jakobswegen und schildert unterhaltsam, warum der Jakobsweg süchtig macht.

1) Via Imperii
2) Oberfränkischer Jakobsweg
3) Oberschwäbischer Jakobsweg
4) Mosel-Camino
5) Ökumenischer Pilgerweg
6) Sächsischer Jakobsweg
7) Münchner Jakobsweg
8) Brandenburger Jakobswege
9) Via Baltica